Jutta Allmendinger
Jan Wetzel

Die Vertrauensfrage

Jutta Allmendinger
Jan Wetzel

Die Vertrauensfrage

Für eine neue Politik des Zusammenhalts

Dudenverlag
Berlin

D C B A
Bibliographisches Institut GmbH, Mecklenburgische Straße 53, 14197 Berlin

Redaktion Dr. Ludger Ikas
Lektorat Jana Schrewe
Herstellung Alfred Trinnes
Layout, Satz und Umschlaggestaltung Schimmelpenninck.Gestaltung, Berlin
Umschlagabbildung Schimmelpenninck.Gestaltung, Berlin
Druck und Bindung CPI books GmbH, Birkstraße 10, 25917 Leck
Printed in Germany

ISBN 978-3-411-75642-1
Auch als E-Book erhältlich unter: ISBN 978-3-411-91308-4
www.duden.de

INHALT

EINFÜHRUNG

Wer steckt heute nicht in der Vertrauenskrise? Die parlamentarische Demokratie erscheint überfordert, machtlos, getrieben von Globalisierung und Einzelinteressen, nicht mehr zur politischen Entscheidung fähig. Die Marktwirtschaft wird als korrupt wahrgenommen, sie opfere einen Wohlstand für alle dem maximalen Profit. Die Massenmedien gelten als unglaubwürdig, sie jagten nach Sensationen und könnten die komplexen Zusammenhänge der Welt nicht mehr verständlich erklären.

Solchen Diskursen gegenüber steht das weniger spektakuläre Alltagsleben, in dem die meisten Menschen zumindest so weit vertrauen, dass sie zur Wahl gehen, ihr Geld für wertvoll halten und in der Regel glauben, was in den Nachrichten kommt.

Die Diagnose von Vertrauenskrisen ist also nicht so einfach, wie es auf den ersten Blick scheint. Entsprechend hilflos wirken manche politischen Forderungen, die auf eine allgemein empfundene Vertrauenskrise reagieren: Appelle zum Zusammenhalt, zur Solidarität oder auch nur zum Dialog mit Menschen, die andere politische Ansichten vertreten als man selbst. Denn fehlt eine verbindliche gemeinsame Grundlage, können weder Aufrufe noch das Gespräch eine nachhaltige Wirkung entfalten. Es bleibt beim – mehr oder weniger höflichen – Schlagabtausch.

Wenn wir in diesem Buch die Frage nach dem Vertrauen stellen, geht es uns um Vertrauen als eine Beziehung, die gemeinsames

Handeln überhaupt erst ermöglicht. Es ist der entscheidende Faktor, wenn wir uns fragen, wie wir die großen Herausforderungen unserer Zeit bewältigen wollen. Denn von der Digitalisierung der Arbeitswelt bis hin zum Klimawandel ist die Wahrnehmung der Probleme davon abhängig, wie wir unser eigenes Handeln mit dem Handeln der anderen verknüpft sehen. Um den Herausforderungen begegnen zu können, braucht es einerseits das individuelle Vertrauen, selbst etwas bewirken zu können, die Überzeugung, dass eigene Anstrengungen auch für die Gesellschaft insgesamt etwas verändern. Andererseits sind wir darauf angewiesen, dass dieses Handeln von den anderen beachtet und berücksichtigt wird, also nicht isoliert bleibt.

Vertrauen hat viel mit Kontrolle zu tun. Wenn bei den Menschen etwa der Eindruck entsteht, dass staatliche Institutionen die Kontrolle über wichtige Aufgabenfelder verloren haben, schwindet mittelfristig ihr Vertrauen in sie. Hier blüht das Geschäft populistischer Politik, die ja mehr oder weniger glaubhaft vorgibt, volle Kontrolle zurückerlangen zu können. Dafür bekommt sie, oft scheinbar gegen jede Vernunft, von einem Teil der Wählerinnen und Wähler einen gewaltigen Vertrauensvorschuss. Oder die Menschen kümmern sich nicht weiter um Politik, suchen ihr Glück im Privaten, investieren ihre Zeit und ihr Geld lieber in sich selbst und in ihre Kinder. Das verspricht wenigstens eine gewisse Kontrolle über das eigene Leben. Für all jene, die es sich leisten können, ersetzt sie die Unterstützung seitens der Politik. Die Lebensmöglichkeiten derjenigen, die sich das nicht leisten können, schwinden dagegen.

Vertrauen ist nicht einfach ein individuelles Vermögen. Es besteht immer in Beziehungen – Beziehungen zu sich selbst, der Familie, den Freunden, der Gesellschaft insgesamt. Welche Art von Kontakt das eigene Leben mit dem der anderen verbindet, entscheidet somit zu einem guten Teil darüber, wer wem Vertrauen schenken kann. Die Möglichkeiten zum Kontakt mit anderen sind, wie wir sehen werden, in Bezug auf ökonomische Ressourcen wie auf Bildung sehr ungleich verteilt. Die Vertrauensfrage steht deshalb für eine Neudefinition der Verteilungsfrage: Es geht nicht mehr allein um die Verteilung von Gütern, sondern auch darum, wie individuelle Ressourcen zur Gestaltung des eigenen Lebens sowie des sozialen Miteinanders in den Beziehungsgeflechten unserer Gesellschaft verteilt sind. Und wer dabei die Gewinner und wer die Verlierer sind.

Um nachvollziehen zu können, wie die Menschen in Vertrauensbeziehungen eingebunden sind und wie sie auf ihre Mitmenschen blicken, brauchen wir Daten. Wir erhalten sie aus einer Studie, die wir am Wissenschaftszentrum Berlin für Sozialforschung zusammen mit der Wochenzeitung *DIE ZEIT* und dem infas Institut für angewandte Sozialwissenschaft durchgeführt haben. In einer ersten repräsentativen Erhebung von 2015 befragten wir die Menschen in Deutschland zu ihren Einstellungen und ihrem Handeln heute und dazu, ob diese als Maßstab für die »nachfolgenden Generationen«, also für die Gesellschaft der Zukunft, gelten sollten. Wir konnten sehen, wo das, was die Befragten über ihr Leben heute sagten, auch dem entsprach, was sie sich für die Zukunft wünschten, wie Sein und Sollen zueinander stehen. Das nannten wir das »Vermächtnis«, weshalb die Studie »Vermächtnisstudie« heißt (eine kurze Übersicht zu ihr findet sich auf S. 113 ff. dieses Buches).

Wenn wir die individuellen Aussagen der Befragten über ihr eigenes Leben und ihre Wünsche für die Zukunft vergleichen, wissen wir aber noch nicht, wie sich ihre Ansichten zu dem verhalten, was sie an ihren Mitmenschen wahrnehmen. Für die Überzeugung der Menschen, dass ihre Wünsche auch gesellschaftlich umsetzbar sind und sie damit nicht allein dastehen, ist dieses Verhältnis jedoch grundlegend. Wir mussten also auch ermitteln, wie die Befragten ihre Mitmenschen *heute* sehen. Deswegen haben wir 2018 in einer zweiten großen Erhebung diese Frage ergänzt. Wir betrachten, wie die Befragten sich selbst, ihre Einstellungen und ihr Verhalten im Vergleich zu den anderen Menschen in Deutschland einschätzen.

Damit sind wir beim Kern unserer Vertrauensfrage: Bei welchen Themen glauben die Menschen, dass andere eine ähnliche Ansicht vertreten wie sie selbst? Wo schenken sie den anderen Vertrauen, weil sie davon ausgehen, dass diese wie sie denken und sich wie sie verhalten? Der Unterschied zwischen den Antworten auf die Fragen »Was ist mir wichtig?« und »Was ist den anderen Menschen in Deutschland wichtig?« ist in einigen Bereichen des täglichen Lebens riesig. In anderen Bereichen passt kein Blatt zwischen das, was die Menschen über sich und über die anderen sagen. Warum ist das so? Was unterscheidet die Themen? Wie kommt es, dass viele Menschen zwar sehr ähnliche Meinungen teilen, aber trotzdem davon ausgehen, ganz unterschiedlicher Ansicht als die anderen zu sein? Dieses Missverständnis, um nicht zu sagen: Unverständnis, ist es, was wir mit der »Vertrauensfrage« meinen.

Mit diesem Blick machen wir auf die Bedingungen von sozialem Fortschritt aufmerksam. Vertrauen ist immer ein Risiko. Wer Vertrauen schenkt, macht sich verletzbar. Doch erst, indem man den anderen vertraut und ihnen somit ihre Selbstständigkeit zugesteht, gibt man ihnen den Raum, der etwas Neues überhaupt erst ermöglicht. Beziehungen aufzubauen, die ein solches Risiko rechtfertigen, ist ein langwieriger Prozess. Er erfordert eine gewisse Verlässlichkeit im Lebenslauf, genügend Zeit und Geld sowie das Vermögen, sein Leben selbstbestimmt zu gestalten. Und schließlich Infrastrukturen, die dafür sorgen, dass man dabei nicht isoliert bleibt, mit anderen in Kontakt kommt.

Maßnahmen, die diese Bedingungen herstellen, nennen wir eine Politik des Vertrauens. Es ist eine Politik, die nicht in moralischen Appellen zu gesellschaftlichem Zusammenhalt besteht, sondern nach seinen Bedingungen fragt. Wie eine solche Politik aussehen kann, werden wir am Ende des Buches aufzeigen. Auch wenn wir die Maßnahmen nur skizzieren können, so hoffen wir doch, Ihnen, den Leserinnen und Lesern, genügend Instrumente an die Hand zu geben, die Politik des Vertrauens nach der Lektüre weiterzudenken. Sie haben unser Vertrauen.

1 DER WERKZEUGKASTEN: WIE WIRKT VERTRAUEN?

Unsere Vorstellung von Vertrauen wird durch alltägliche Vorannahmen geprägt. »Vertrauen ist gut, Kontrolle ist besser!«, heißt es immer wieder. Die eigene Umwelt zu kontrollieren ist demnach sicherer, als sich ihr vertrauensselig auszuliefern. Diese Einstellung klingt heute auch in vielen politischen Debatten mit. »Take back control«, die Kontrolle zurückzugewinnen, versprach etwa die letztlich erfolgreiche Brexit-Kampagne. Wenn wir in diesem Buch dennoch für Vertrauen werben, müssen wir also zuerst fragen: Wie verhalten sich Vertrauen und Kontrolle zueinander? Schließen sie sich wirklich aus?

Vertrauen und Kontrolle

Beginnen wir mit einem Gedankenexperiment. Stellen Sie sich vor, Sie wachen morgens auf und haben kein Vertrauen mehr. In nichts und niemanden. Kein Vertrauen in sich selbst. Schaffen Sie es aus dem Bett? Wie sollen Sie den Tag bewältigen – ohne Vertrauen in die Menschen, mit denen Sie leben, Ihre Partner, Kinder oder Mitbewohnerinnen? Die führen doch bestimmt etwas im Schilde! Sind Sie überhaupt noch sicher in den eigenen vier Wänden? Allerdings sähe es draußen nicht besser aus. Den Menschen auf der Straße kann man erst recht nicht trauen. Also doch besser im Bett bleiben? Wer garantiert Ihnen, dass den Sicherheitsstandards, die Ihr Bett erfüllen soll, überhaupt zu trauen ist und dieses nicht im nächsten Moment zusammenbricht?

Statt auf Vertrauen setzen Sie nun also auf Kontrolle, auf Wissen. Wie können Sie Ihren Körper kontrollieren? Immerhin gibt Ihnen Technik die Möglichkeit, die wichtigsten Körperwerte ständig zu überwachen, und lässt Sie wissen, ob Sie fit für den Tag sind. Auch regelmäßige Kontrolluntersuchungen beim Arzt sind zu schaffen. Auf den zweiten Blick müssen Sie jedoch auch der Technik und dem Arzt erst einmal vertrauen. Was Ihre Wohnung angeht, wird es schon aufwendiger. Am sichersten scheint das Überwachen mit Videokameras. Aber woher die Zeit nehmen, die ganzen Aufnahmen zu sichten? Sie brauchen also Angestellte, die das für Sie übernehmen. Und eine Hausmeisterin, die Sonderschichten einlegt, um auch Ihre Einrichtung regelmäßig auf Sicherheit zu überprüfen. Schließlich sind da noch Ihre Nachbarn, weshalb Sie einen Sicherheitsdienst benötigen. Und noch mehr Kameras. Und bei all dem Personal stellt sich die Frage: Wie kontrollieren Sie eigentlich Ihre Angestellten?

Irgendwann in der langen Kette müssen Sie folglich dennoch vertrauen. Vertrauen und Kontrolle schließen sich also gar nicht aus. Vielmehr sind sie eng aufeinander bezogen. Was intuitiv erst einmal schwer nachvollziehbar ist, ist letztlich eine Grunderkenntnis unserer Wissenschaft, der Soziologie. Zu Beginn des 20. Jahrhunderts schrieb der Soziologe Georg Simmel über eine Welt, in der die Industrialisierung, die anonyme Großstadt und die Oberflächlichkeit des modernen Lebens noch relativ neue Phänomene waren. Vor allem beschäftigte ihn die Frage, wie eine Gesellschaft, in der die Leute sich nicht mehr kennen, nicht auseinanderfällt und in Mord und Totschlag endet. Was hält sie zusammen? Seine Antwort: Vertrauen.[1]

Mit Blick auf unser heutiges Leben würde Simmel fragen:

Wie viel wissen Sie von den Menschen, mit denen Sie im Alltag zu tun haben, *wirklich*? Von den anderen Verkehrsteilnehmern, der Verkäuferin im Geschäft, Ihrer Ärztin, Ihren Arbeitskollegen, ja selbst von Ihren Freunden? Alles in allem nicht besonders viel, zumindest nicht genug, um hundertprozentig sagen zu können, mit wem Sie es zu tun haben. Sie verbringen eben nur einen bestimmten Ausschnitt Ihres Lebens mit ihnen. Laut Simmel spielt das jedoch keine Rolle. Es genügt, wenn Ihnen diese Leute im Hinblick auf diesen Ausschnitt zuverlässig erscheinen. Wenn sie sich im Straßenverkehr erwartbar verhalten, wenn die Verkäuferin freundlich ist und Ihnen Dinge verkauft, ohne Sie zu hintergehen, wenn Ihre Ärztin kompetent ist, Ihre Kollegen halbwegs zuverlässig sind und Ihre Freunde Sie nicht andauernd versetzen.

Dieser mit anderen geteilte Ausschnitt reicht, um ein gemeinsames Verständnis für die Situation zu entwickeln und das eigene Verhalten darauf abzustimmen: sich gemeinsam durch den Verkehr zu bewegen, einzukaufen, den Körper untersuchen zu lassen, Zeit miteinander zu verbringen. Es braucht nur genügend Anhaltspunkte dafür, dass sich andere Menschen auch tatsächlich so verhalten, wie man selbst es erwartet. Vertrauen ist demnach, so Simmel, eine »Hypothese künftigen Verhaltens, die sicher genug ist, um praktisches Handeln darauf zu gründen«.[2] Daraus schließt er im Übrigen auch, dass der gesellschaftliche Zusammenhalt nicht von der Individualität der einzelnen Menschen bedroht wird. Allerdings ist mit dem zunehmenden Individualismus unbedingt auch mehr Vertrauen erforderlich. Denn wer mit den Menschen im Alltag nicht mehr notwendigerweise gemeinsame Lebenserfahrungen teilt, braucht andere Wege, die Gegenseitigkeit und Verbindlichkeit im Zusammenleben sicherstellen.

Vertrauen ist daher nicht blind. Im Gegenteil: Es beruht auf einer Kombination von Kontrollierbarkeit und Wissen. Im Alltag sind es oft Details, die darüber entscheiden, ob wir jemandem vertrauen. Menschen, die uns äußerlich ähneln, schenken wir zum Beispiel eher unser Vertrauen. Gleiches gilt für Menschen, die wir gut aussehend finden. Beim Vertrauen in Institutionen ist es eine Mischung aus Erfahrungen, die wir gemacht haben, und aus Geschichten, die wir gehört haben. Auch Intuition spielt eine Rolle. Und so sind selbst Fakten kein Ersatz für Vertrauen. Sie steigern das eigene Urteilsvermögen nur so lange, wie man denen vertraut, die sie produzieren – seien es Verwaltung, Wissenschaft oder Medien.

In der Ökonomie und in der Soziologie ist das Verständnis von Vertrauen als »Hypothese künftigen Verhaltens« oft entscheidungstheoretisch zugespitzt worden. Vertrauen wird als eine Wette über zukünftige Handlungen anderer gesehen. Individuen, so die Vorstellung, rechneten sich aus, wie wahrscheinlich bestimmte Handlungen anderer seien, und entschieden dann, ob sich Vertrauen lohnen könnte. Vertrauen erscheint als kalkulierende wie kalkulierbare Ressource sozialer Beziehungen.[3]

Dabei ist es gerade nicht die Berechenbarkeit, die uns füreinander vertrauenswürdig macht. Vertrauen ist keine Ressource, die in uns selbst steckt und die wir einsetzen, um unseren Eigennutzen zu optimieren. Vielmehr steckt Vertrauen zwischen uns, in unseren Beziehungen. Und in diesen entscheiden wir nur in den seltensten Fällen ganz bewusst, ob wir jemandem vertrauen oder nicht. In der Regel ist Vertrauen in Alltagsroutinen eingebettet, was wir mit unserem Beispiel vom Anfang gezeigt haben: Wenn Sie morgens, ohne weiter darüber nachzudenken, vor die Tür treten, mussten Sie zwar mindestens schon Ihrem Körper, Ihrem Bett, den Menschen, mit denen Sie zusammenleben, und den Menschen auf der Straße trauen. Doch Ihre bewusste Entscheidung war das nicht. Es hat sich einfach bewährt, ist Normalität. Wird Vertrauen also explizit angesprochen, stehen Zweifel und Misstrauen oft schon im Raum. Nicht zufällig ist es für manche Politikerinnen und Politiker zum bösen Omen geworden, wenn Angela Merkel ihnen ihr »vollstes Vertrauen« aussprach: Die Tage ihrer politischen Karriere waren damit häufig gezählt.

Vertrauen ist gut, Kontrolle ist besser? Eher bedingen sich die beiden: Vertrauen schenken kann man nur aus einer Position der Stärke, der Kontrolle und des Wissens. »Der völlig Nichtwissende«, so abermals Simmel, »kann vernünftigerweise nicht einmal vertrauen.«[4] Es kommt also immer auf das Zusammenspiel an. Eine gewisse Kontrolle ist nötig, um vertrauen zu können. Vollständige Kontrolle aber gibt es nicht: Je mehr man kontrolliert, desto mehr muss man vertrauen. Was ist dann aber die positive Wirkung von Vertrauen? Vertrauen, so der Soziologe Niklas Luhmann, ist sich im Klaren darüber, dass es immer auch anders sein könnte.[5] Dort, wo es vorhanden ist, stärkt es folglich auch die Toleranz gegenüber Mehrdeutigkeit. Es lässt sich von dieser nicht verunsichern, sondern ist offen für die unüberschaubare Vielfalt, die unvorhersehbaren Ereignisse des Lebens.

Die positive Wirkung des Vertrauens

Vertrauen macht das Zusammenleben daher nicht nur »flüssiger«, sondern auch toleranter. Das klingt gut, und so hat das Konzept »Vertrauen« in den letzten Jahrzehnten eine echte Karriere in den Sozialwissenschaften hingelegt. Vertrauen verspricht zweierlei herzustellen: eine starke Wirtschaft – und eine starke Gesellschaft. Im Fall des Wirtschaftens senkt Vertrauen die sogenannten Transaktionskosten. Damit bezeichnet die Ökonomie den Aufwand an Ressourcen, den man für ökonomische Handlungen wie Kaufen, Verkaufen oder Mieten einsetzen muss.

Haben Sie sich schon einmal gefragt, warum Drogen so teuer sind? Das liegt zu einem guten Teil an diesen Transaktionskosten. Auf einem illegalen Markt, auf dem es keinen Staat gibt, der die Regeln bestimmt, können sich die Marktteilnehmer gegenseitig nur sehr schlecht kontrollieren. Ihnen fehlt die Handhabe. So vertraut kein Produzent dem Händler, kein Händler dem Zwischenhändler, kein Zwischenhändler dem Endkunden. Denn wenn etwas schiefgeht, kann niemand einfach die Polizei rufen, niemand auf sein Recht pochen. Damit das Geschäft unter dieser Bedingung des Misstrauens dennoch zustande kommt, muss sich das Risiko lohnen – und deshalb muss mehr für alle herausspringen. In der Ökonomie ist Vertrauen darum als »Schmiermittel« bezeichnet worden.[6] Im Fall des Drogenhandels fehlt es und wird durch Geld ersetzt. Die Risikoprämien machen Drogen so teuer.

Die positive Wirkung eines höheren Vertrauens, den diese Theorie in Bezug auf die Wirtschaft behauptet, findet sich durch international vergleichende Umfragen bestätigt. Höheres Vertrauen in Fremde geht demnach mit Wirtschaftswachstum und besserer Ausbildung der Bevölkerung einher. Aber nicht allein ökonomische, sondern auch psychische und soziale Faktoren wie Lebenszufriedenheit oder eine geringere Selbstmordrate hängen mit höherem Vertrauen zusammen.[7] Was diese Ergebnisse nicht erklären können: Was war zuerst da? Das Vertrauen? Das Wirtschaftswachstum? Die Zufriedenheit?

Um diese Fragen zu beantworten, muss man sich genauer anschauen, auf welchen Ebenen Vertrauen aufgebaut wird und welche Arten des Vertrauens sich unterscheiden lassen. Im Kleinen gibt es zunächst das, was man »partikulares Vertrauen« nennt. Es basiert auf Beziehungen zwischen Personen, die sich persönlich kennen oder deren Verhalten weitgehend gegenseitig bekannt ist. Solches Vertrauen besteht in Familien, zwischen Freunden, im Idealfall am Arbeitsplatz. Wir sprechen vom *kleinen Wir*.

Grundlage ländervergleichender Analysen ist demgegenüber das »generalisierte Vertrauen«. Es basiert nicht auf konkreten Beziehungen zu Menschen, die man persönlich kennt, sondern auf dem Bild, das man von seinen Mitmenschen im Allgemeinen hat. Warum dieses generalisierte Vertrauen in einzelnen Ländern so verschieden ausgeprägt ist, wird seit Jahrzehnten diskutiert. Die jeweiligen Erklärungen lassen sich vor allem danach unterscheiden, aus welcher Richtung sie argumentieren: von unten nach oben – oder umgekehrt.

Im ersten Fall wird vor allem die Rolle bürgerschaftlichen Engagements betont. Mit ihm und insbesondere seinem Verfall hat sich der amerikanische Politikwissenschaftler Robert Putnam auseinandergesetzt.[8] Er fragte, wie Demokratien funktionieren, und fand die Antwort im *sozialen Kapital*. Darunter versteht Putnam drei eng miteinander verbundene soziale Mechanismen. Erstens das Vertrauen. Zweitens Normen der Gegenseitigkeit: Ich helfe in der Erwartung, dass mir in der Zukunft geholfen wird. Und drittens freiwillige Vereinigungen, also Vereine oder auch losere Gruppen etwa in der Nachbarschaft, in denen diese Gegenseitigkeit gepflegt und soziales Vertrauen aufgebaut werden kann.

In solchen Vereinigungen lernen die Menschen die Grundnorm der Demokratie, das gegenseitige Geben und Nehmen, und damit das daraus erwachsende Vertrauen. Putnam geht davon aus, dass sich dieses zunächst noch partikulare Vertrauen in der Nachbarschaft oder im Verein schließlich auch auf die Gesellschaft insgesamt übertragen lässt, also zu einem generalisierten Vertrauen wird. Vertrauen beginnt im Kleinen und geht dann ins Allgemeine.[9]

Andere argumentieren genau umgekehrt und sagen, es seien die großen politischen Rahmenbedingungen, die darüber bestimmten, ob eine Gesellschaft von generalisiertem Vertrauen geprägt sei oder nicht. Als überzeugend hat sich in diesem Zusammenhang insbesondere die Analyse der sozialstaatlichen Modelle erwiesen. So lässt sich zum Beispiel zeigen, dass in den breit ausgebauten Sozialdemokratien Skandinaviens das Vertrauen zwischen den Menschen sehr hoch ist.[10]

Vertrauensvorschuss

Jutta Allmendinger

An einer Universität ist eine wichtige Professur zu besetzen. Es geht um viel. Die nächste Exzellenzrunde steht an, man sucht ein Zauberwesen: international wissenschaftlich ausgewiesen, breit aufgestellt, neugierig auf die Zusammenarbeit mit anderen Disziplinen, kollegial, bereit, sich für die Belange der Universität einzusetzen, den Diskurs mit Politik und Öffentlichkeit zu suchen.

Ich leite die Berufungskommission. Anhörung folgt auf Anhörung. Begeisterung kommt nicht auf, von einer Einigung ist die Kommission weit entfernt. Ein Mehrheitsentscheid? Eine Neuausschreibung? Ich muss entscheiden.

Trotz zunehmender Frustration macht mir das Verfahren von Beginn an Freude. Das liegt hauptsächlich an einem mir völlig unbekannten Kommissionsmitglied, einer jungen Frau, selbst Professorin an einer kleinen Universität, Mutter dreier Kinder. Ihre Fragen sind hellwach, zeigen ein breites Wissen, zeugen von Humor. Keine Verbissenheit, keine Show. Ihre Art ist von einer sehr bescheidenen Selbstverständlichkeit.

Es braucht eine Weile, dann aber klickt es: Eigentlich suchen wir dieses Kommissionsmitglied. Ich sondiere. Die Einwände kommen schnell: Die Publikationsliste ist zu dünn, die weitere Entwicklung unklar. Drei Kinder. Erwerbstätiger Ehemann. Zu hoch das Risiko. Zu hoch der Vertrauensvorschuss.

Der Rest der Geschichte ist schnell erzählt. Neuer Anlauf. Das Kommissionsmitglied wird eingeladen und angehört. Anschließend Diskussionen über die Vermessung von Potenzial: Wo stünde die Frau, hätte sie keine Kinder? Wie viel Forschungszeit kostet ein Kind? Gibt es Mengenrabatte bei drei Kindern? Dann: viel Mut. Noch mehr Vertrauen. Berufung. Die junge Frau ist mittlerweile ein Star in ihrem Fach.

Formal war das Verfahren nicht korrekt. Heute wäre es nicht mehr möglich, zu befürchten wäre eine Wettbewerbsklage. Klare Verfahrensregeln schaffen Vertrauen. Das Vertrauen in das Potential der Menschen ersetzen sie nicht.

Unser Konzept

Wie unterschiedliche Menschen in Kontakt kommen

In unserem Ansatz wollen wir einen anderen Blick vorschlagen. Wir wollen nicht fragen, ob Vertrauen von oben nach unten oder umgekehrt herzustellen ist. Wir konzentrieren uns vielmehr ganz auf den relationalen Aspekt von Vertrauen, fragen also zum einen, in welche Beziehungen die Menschen gesellschaftlich eingebunden sind, und zum anderen, inwiefern diese Beziehungen von Vertrauen geprägt sind oder nicht. Für ein »gesundes« Vertrauen, das Grundlage gesellschaftlichen Zusammenhalts sein kann, müssen wir zunächst zwei Bedingungen beachten. Erstens, dass der Kontakt zwischen unterschiedlichen Menschen überhaupt möglich ist. Zweitens, dass die Ungleichheit in der Gesellschaft insoweit begrenzt bleibt, dass ein solcher Kontakt auf Augenhöhe stattfinden kann.

Grundlegend für die erste Bedingung sind die Arbeiten von Mark Granovetter. Der amerikanische Soziologe und Ökonom untersuchte in den 1970er-Jahren, wie Informationen zwischen unterschiedlichen sozialen Kreisen fließen. Dazu schaute er sich die Berufslaufbahnen von Ingenieuren in Boston an und fragte: Wie kommen die Leute eigentlich an ihre Jobs? Das Ergebnis: Nicht Stellenanzeigen und auch nicht enge Freunde halfen dabei. Stattdessen waren es entferntere, flüchtige Bekanntschaften, die die entscheidenden Informationen gaben.[11]

Die Erkenntnis, die Granovetter daraus zog, war so einfach wie genial: Enge Bindungen zwischen Menschen gehen oft mit großer Ähnlichkeit einher – einem ähnlichen Milieu, ähnlichen Orten, ähnlichem Einkommen, ähnlichen Ansichten und ähnlichen Freunden. Alle Mitglieder solcher engen Kreise haben demzufolge auch Zugang zu ähnlichen Informationen. Weiß es einer, wissen es alle. Je enger diese Kreise sind, desto schwerer finden neue Informationen ihren Weg in sie hinein. Bei der Jobsuche zeigte sich der große Nachteil dieser Enge. Nahe Bekannte konnten den Jobsuchenden kaum mehr mitteilen, als diese eh schon wussten. Umgekehrt hieß das: Schwache Beziehungen erwiesen sich als die eigentlich starken. Wer entferntere Bekannte nach offenen Stellen fragte, bekam nicht nur mehr Empfehlungen, sondern auch eine größere Vielfalt davon.

Granovetters Entdeckung hängt unmittelbar mit dem Vertrauen zusammen. Die kleinen Wirs von Familie und Freunden beruhen, wie schon gesagt, auf einem partikularen Vertrauen. Doch damit alleine ist noch keine Gesellschaft zu machen. Sie entsteht erst im Austausch *zwischen* den sozialen Kreisen. Jede und jeder Einzelne braucht dafür aber nicht nur soziales Kapital, das enge Bindungen aufbaut, sondern auch ein soziales Kapital, das Brücken baut. Putnam unterscheidet in diesem Sinne das *bonding capital* vom *bridging capital.*[12] Letzteres sah im Fall der jobsuchenden Ingenieure in Boston etwa so aus: Wer im beruflichen Alltag nicht nur engen Kontakt zu Kollegen, sondern auch ein weitreichenderes, lockereres Netzwerk hatte, profitierte von diesen Beziehungen außerhalb der eigenen kleinen »Blase«.

Die Chance zum Kontakt muss jedoch nicht an die Menschen selbst gebunden sein. Unter dem Begriff des kontextbasierten Vertrauens wird in den Sozialwissenschaften heute mehr denn je diskutiert, wie unterschiedliche Räume vertrauensbildend wirken können. Im Zentrum stehen dabei Nachbarschaften, weswegen in der einschlägigen englischsprachigen Literatur auch von *community trust* die Rede ist. In der Nachbarschaft kennt man zwar manche, aber nicht alle Leute. Die Kenntnis der wenigen wird durch den Kontext, den die Nachbarschaft herstellt, jedoch verallgemeinerbar. Das heißt, durch die nachbarschaftlichen Beziehungen entsteht ein Umfeld, das dann selbst auf jene vertrauenerweckend wirkt, die sich dort nur vorübergehend aufhalten. Man kennt das aus dem Alltag. Sie fühlen sich in einer solchen Nachbarschaft sofort wohl, auch ohne jemanden zu kennen. Sie vertrauen den Menschen auf der Straße, nicht weil Sie sie als Teil einer bestimmten Gruppe identifizieren, sondern weil die Umgebung selbst das Vertrauen ausstrahlt. Entscheidend ist hier also nicht die Identität, die Zugehörigkeit zu einer bestimmten Gruppe. Es ist der Kontext, der soziale Raum.

Gelegenheiten zum Kontakt allein reichen nicht, es müssen auch bestimmte Rahmenbedingungen erfüllt sein, damit sie genutzt werden. Allen voran ist entscheidend, wie groß die sozialen Unterschiede zwischen denen sind, die in Kontakt miteinander kommen. Mit diesen Bedingungen hat sich vor allem der französische Soziologe Pierre Bourdieu beschäftigt. Er fragte: Wie wirkt sich die individuelle Ausstattung mit Ressourcen wie Geld, Bildung und »Vitamin B« darauf aus, wer mit wem in Kontakt tritt? Was entscheidet am Ende darüber, wer einen bestimmten Job bekommt? Um überhaupt für ihn in Betracht gezogen zu werden, braucht man das, was Bourdieu »kulturelles Kapital« nennt – beispielsweise die richtigen Abschlüsse an den richtigen Universitäten, die richtigen Manieren. Erwirbt man diese durch Fleiß, durch Begabung oder weil die eigenen Eltern dort schon studiert haben? Und wenn wir schon dabei sind: Hilft es nicht, wenn den Eltern die Firma gehört oder sie zumindest den Chef kennen?

Bourdieu fragte sich im Grunde also, wie soziale Ungleichheit in der Gesellschaft hergestellt wird. Dabei entdeckte er vielfältige Formen, in denen das geschieht. Es ist demnach nicht allein das Geld, das ökonomische Kapital, das zählt. Daneben gibt es das schon erwähnte kulturelle Kapital, etwa die eigenen Fähigkeiten und Abschlüsse. Und eben auch soziales Kapital. Darunter versteht Bourdieu all jene Ressourcen, die sich aus dauerhaften Beziehungen, gegenseitigem Kennen und Anerkennen ergeben: »Ressourcen, die auf der *Zugehörigkeit zu einer Gruppe* beruhen«. Innerhalb der Gruppe sorgen diese Ressourcen für Sicherheit und gegenseitige »*Kreditwürdigkeit*«.[13]

Soziales Kapital fügt sich hier demnach ein in eine gesellschaftliche Struktur der Ungleichheit, die durch sich gegenseitig verstärkende Ressourcen erhalten wird. Wer viel ökonomisches, kulturelles und soziales Kapital hat, profitiert entsprechend von dem Vertrauen, das im Netzwerk besteht. Innerhalb des Netzwerks erzeugt das Kapital gegenseitiges Vertrauen, das unabhängig von der jeweils bekleideten Position Loyalität garantiert. Und das auch unabhängig von spezifischen Kontexten auf alle übertragbar ist, die zur Gruppe gehören. Die einzige Frage, die zählt, ist folglich, ob jemand dazugehört – oder nicht. Bourdieu untersuchte diese Ausschlussmechanismen am Beispiel der französischen Elite, die die Frage der Zugehörigkeit oft mit einem Blick entscheiden kann. Dazu reicht es etwa schon, nicht mit bestimmten Tischmanieren vertraut zu sein. Nicht zu wissen, wie man ein Fischmesser benutzt, stellt dann diejenigen bloß, die nicht dazugehören und die folglich kein Vertrauen genießen können.

In der soziologischen Forschung werden die Netzwerke, in denen Menschen sich bewegen, und die Frage sozialer Ungleichheit erst seit wenigen Jahren konsequent zusammengedacht. Die Grundannahme ist nun nicht mehr, Armut als Eigenschaft von Personen zu sehen, sondern als eine Struktur, die den Handlungsspielraum von Menschen beschränkt. Um diesen zu erweitern, braucht es Bildung, Geld, Zeit, Selbstsicherheit. Im Falle der Armut ist all das begrenzt. Arme Kinder werden beispielsweise seltener zu Kindergeburtstagen eingeladen. Und selbst wenn, werden die damit verbundenen sozialen Verpflichtungen zum Problem: das Geld für ein Geschenk, die Gepflogenheit, eine Gegeneinladung auszusprechen. Arme Menschen, die häufig in sozial isolierenden Arbeitsverhältnissen stecken, haben zudem weniger Möglichkeiten, sich etwa gewerkschaftlich zu organisieren. Dabei wäre gerade ein solcher kollegialer Kontakt eine notwendige Bedingung dafür, an der eigenen Situation etwas ändern zu können.[14]

Fassen wir zusammen: Vertrauen und Kontrolle sind keine Gegensätze. Vertrauen kann nur, wer ein gewisses Maß an Kontrolle hat. Vertrauen zu schenken ist riskant. Ein Vorschuss, den man sich leisten können muss. Vertrauen erleichtert das Zusammenleben, es ermöglicht und schafft Diversität. Es wirkt auf ganz verschiedenen Ebenen. Sowohl partikular, in Teilen der Gesellschaft, als auch generalisiert, in der Allgemeinheit. Es wirkt als Ausdruck gemeinsamer Identität ebenso wie durch räumliche Kontexte. Diese positive Wirkung ist abhängig von verschiedenen Rahmenbedingungen. Zwischen unterschiedlichen gesellschaftlichen Gruppen muss Kontakt bestehen. Es braucht Kontexte, in denen sich einander fremde Menschen begegnen können. Und es braucht ein Mindestmaß an Gleichheit, das den Kontakt auf Augenhöhe ermöglicht.

Das große Wir

Die Vertrauensbeziehungen sind nicht nur für sich genommen wichtig. Sie haben auch Auswirkungen auf die Bilder, die wir von unseren Mitmenschen haben. Wir wollen deswegen ein neues Konzept von Vertrauen vorschlagen, das die Entwicklung der Gesellschaft insgesamt in den Blick nimmt: Vertrauen ist demnach das Bild, das man von sich selbst im Vergleich zu den anderen hat. Eine demokratische Gesellschaft beruht nicht darauf, dass alle das Gleiche denken, das Gleiche wissen, die gleichen Normen haben. Im Gegenteil, sie beruht auf Vielfalt. Für eine Demokratie, die von der Teilhabe aller lebt, braucht es aber ein gemeinsames Verständnis von den Bezugspunkten des Zusammenlebens, das heißt davon, in welche Richtung sich die Gesellschaft entwickeln soll und welche Bedingungen erfüllt sein müssen, damit das gelingen kann. Die Frage ist dabei nicht allein, ob solche Bezugspunkte tatsächlich vorhanden sind, sondern auch, ob man den *Eindruck* hat, dass das so ist.

So klingt das noch sehr abstrakt. Wir müssen uns also konkret anschauen, welches Bild die Menschen in Deutschland von ihren Mitmenschen haben. In der Vermächtnisstudie haben wir dieses Verhältnis so einfach abgefragt, wie es nur geht. Zuerst fragten wir nach der eigenen Einstellung, dem eigenen Verhalten. Beispielsweise: »Wie wichtig ist Ihnen ein Wir-Gefühl?« Und dann nach den vermeintlichen Einstellungen der anderen: »Wie wichtig ist das den Menschen in Deutschland?«[15]

Die jeweilige Antwort auf diese Fragen ist keine objektive Bestimmung, kann es auch nicht sein. Sie ergibt sich vielmehr aus einer Vielfalt einzelner Informationen: eigenen Erfahrungen, dem Kontakt in der Familie, zu Freunden und Kollegen, Beobachtungen in der Öffentlichkeit, auf der Straße. Und schließlich Berichten in den Medien. Aus alldem machen wir uns ein Bild von der Welt und von unseren Mitmenschen, von der Gesellschaft, in der wir leben. Und im Verhältnis dazu bestimmen wir immer auch unsere eigene Position. Weltbezug und Selbstbezug, Weltbild und Selbstbild sind dabei nie ganz stabil, sondern befinden sich in der Dynamik gesellschaftlicher Entwicklung permanent im Wandel.[16] Wo die Selbstverständlichkeit von Lebensorientierungen verloren geht, tun sich Vertrauensfragen auf. Ist die Mehrheit vertrauenswürdig darin, dass sie ähnlich denkt und handelt wie ich? Oder geht sie in eine ganz andere Richtung als man selbst? Ja, kann man sich in dem Fall selbst überhaupt noch zur Gesellschaft zählen? Empfindet man sich als Außenseiter? Was hier letztlich verhandelt wird, verstehen wir als das *große Wir*, also ob sich eine Gesellschaft auch als solche empfindet oder ob sie aus lauter gefühlten Einzelgängern besteht, die ihr eigenes Verhalten im Kontrast zu dem der anderen verstehen.

Schauen wir in unsere Daten, sieht das Bild je nach Thema ganz unterschiedlich aus. Es gibt viele gemeinsame Überzeugungen davon, wie das Zusammenleben gestaltet sein sollte. Wir können dementsprechend keinen allgemeinen Verlust an Vertrauen in das große Wir feststellen, der sich über alle Bereiche des Lebens erstreckt. Vieles ist nicht nur für einen selbst selbstverständlich, man nimmt es auch bei anderen als selbstverständlich wahr. Bei manchen Themen stoßen wir jedoch auf signifikante Unterschiede zwischen dem, was die Menschen über sich und über die Mitmenschen sagen: bei den Fragen zum Zusammenleben in der Familie und zur Erwerbsarbeit sowie bei den Fragen nach gesellschaftlicher Innovationsfähigkeit und Solidarität. Bei diesen Themen sind sich von außen gesehen zwar alle relativ einig, wenn sie über sich selbst reden. Sobald sie aber über die anderen sprechen, gehen sie davon aus, diese sähen es ganz anders als sie selbst. Hier findet eine Entkopplung der Bilder statt, die man von sich selbst und von der Gesellschaft hat.

Unsere Konzeption von Vertrauen holt das Problem gesellschaftlichen Zusammenhalts also auf eine andere Ebene. Als Grundlage für gesellschaftlichen Zusammenhalt identifizieren wir nicht eine besondere gefühlsbetonte Haltung gegenüber anderen, sondern eine Beziehung, die auf Vertrauen beruht. Der Philosoph Martin Hartmann hat in diesem Sinne Vertrauen als Bedingung für kooperatives Handeln überhaupt gekennzeichnet. Vertrauen ermöglicht Dinge, die kein Mensch alleine schaffen kann. Deswegen ist die Wahrnehmung so wichtig, dass man mit dem eigenen Verhalten, den eigenen Ansichten nicht allein dasteht. Vertrauen entspannt das Verhältnis von Ich und Gesellschaft. »Wer vertraut«, so Hartmann, »will nicht, dass sich das Vertrauen nicht bestätigt, aber er riskiert es und kann gar nicht anders, als dieses Risiko in Kauf zu nehmen, wenn ihm die Selbstständigkeit des anderen am Herzen liegt. Diese Selbstständigkeit ist das, was durch das Vertrauen wirklich werden kann.«[17] Den anderen Selbstständigkeit zuzugestehen schafft demnach die Grundlage dafür, ihnen nicht als Klischees, sondern anerkennend und respektvoll zu begegnen. Anstelle moralischer Appelle zum Zusammenhalt fragen wir also nach dessen Bedingungen.

Die Wahrnehmung zu vermessen, die man von sich selbst im Unterschied zu den anderen hat, ist deswegen so wichtig, weil die Kehrseite davon Angst ist. Psychologische Theorien erklären Angst als Ergebnis ständig ablaufender subjektiver Bewertungsprozesse. Diese basieren nicht auf bloßen Fakten, nicht auf kalkulierten Risiken, wie sie die Naturwissenschaften liefern, sondern auf der eigenen Wahrnehmung, dem individuellen Wissen und den jeweiligen Motiven. Ist ein Ereignis wahrscheinlich? Ist es für mich schädlich oder gar lebensbedrohlich? Diese Fragen stellen wir Menschen uns unbewusst immer wieder.

Eine bedrohliche und potenziell schädliche Situation allein führt jedoch noch nicht unweigerlich zu einer Angstreaktion. Es kommt darauf an, wie wir mit der Gefahr umgehen. Kann sie in kontrollierbare Risiken überführt werden, gibt es keinen Grund zur Angst. Ich kann mich dann auf meine eigenen Fähigkeiten und auf die Unterstützung anderer verlassen. Ich erfahre Selbstwirksamkeit. Ein vorübergehender Zweifel, ob man in Fragen des Zusammenlebens anderer Meinung ist als die Mehrheit, muss also noch keinen gravierenden Vertrauensverlust mit sich bringen. Das gehört zu einer pluralen, sich im steten Wandel befindlichen Gesellschaft dazu. Sind gesellschaftliche Verhältnisse jedoch dauerhaft durch solche Abkopplungen bestimmt und haben sehr viele Menschen den festen Eindruck, mehr oder weniger alleine dazustehen und keine Hilfe zu finden, dann sind Misstrauen und

Unsicherheit die Folge. Wir werden also fragen müssen: Wie lassen sich solche gesellschaftlichen Situationen bewältigen?

Das Vertrauen, um das es uns in diesem Buch geht, ist also relational. Es dreht sich um die gesellschaftlichen Verhältnisse von Nähe und Distanz, von Identität und Kontext, von Begrenzung und Verallgemeinerbarkeit. Wir sind Teil unserer Familie, unserer Freundeskreise, unseres Betriebs, unserer Nachbarschaft, unserer Vereine, unserer Gesellschaft. Diese vielfältigen Bezüge schaffen weder von sich aus gesamtgesellschaftlichen Zusammenhalt, noch bedrohen sie ihn. Stattdessen müssen wir den Verbindungen zwischen den Menschen nachgehen. Wie und unter welchen Bedingungen sind die kleinen Wirs miteinander verbunden? Und reichen diese Verbindungen aus, das Vertrauen in das große Wir der Gesellschaft zu übertragen?

Misstrauen

Jutta Allmendinger

Vierhundert Männer sehr früh am Morgen. Wach, quirlig, gut aufgelegt, alle in Orange. Weitere Männer kommen hinzu: Abklatschen, Umarmen, hey Kumpel. Eine spürbare Wärme, eine Kultur des Miteinanders. Ein Männerbündnis?

Es ist sehr heiß an diesem Junitag 2018. Ich bin bei der Müllabfuhr Berlin, Werkhof Gradestraße. Seit drei Jahren sitze ich im Aufsichtsrat der Berliner Stadtreinigung, und noch immer wird in der Sparte Müllabfuhr keine einzige Frau beschäftigt. Ist die Arbeit einfach zu schwer für Frauen? Ich entschließe mich zu einem Selbstversuch.

Am Tag zuvor war ich eingewiesen worden. Nun geht es los. Ich spüre die Blicke, Verwunderung und Staunen. Die Männer grüßen, sind freundlich. Blöde Kommentare über Frauen oder mein Alter höre ich nicht. Aha, so vermute ich, alle wissen, wer ich bin, und halten sich zurück.

Punkt 6 Uhr strömen Hunderte von Männern und ich zu den Müllwagen, springen auf, fahren los, bald dann der erste Ausstieg. Vier Tonnen im Hinterhof rausholen, zum Wagen bringen, an die Hydraulik des Wagens führen, Hebel drücken, entleeren, die Tonnen zurück in das Haus. Das Schieben geht gut, einhängen kann ich gar nicht. Mirko und Christian, meine Kumpel, erklären, geben mir Tipps. Mit dem Knie nachhelfen. Bei Tonne 4 jubele ich, es passt. Wir fahren weiter.

Ich halte mich wacker. Nur die großen Behälter machen mir Probleme. Die beiden Männer helfen, sie tun das selbstverständlich und freundlich. Von Genugtuung keine Spur. Und sie loben. »Sie machen das echt gut«, sagt Mirko immer wieder. »Das darf man doch auch mal sagen, oder?«

Um 10 Uhr eine Pause. Wieder ein Werkhof mit einer Cafeteria. Während wir trinken und essen, kommen andere Kumpel, Türken, Italiener, Deutsche. Alle grüßen, setzen sich dazu. »Bist du ne Neue? Fährst du jetzt immer mit?« Jetzt wird klar, dass die allermeisten nichts über mich wissen. Christian und Mirko erklären. Sofort erwarte ich Bemerkungen in Richtung: »Ach, die ist ein Spitzel.« Falsch. Nichts davon. Auch hier kein Geglotze, keine Anmache, keine dummen Sprüche. Man unterhält sich über Tattoos und das Altern und wie schrecklich Tattoos auf Falten aussehen.

Wir arbeiten weiter. Langsam werde ich Teil des Teams und freue mich, als mir Christian das »Du« anbietet, »zumindest auf der

Arbeit«, fügt er hinzu. Den Respekt der beiden Männer habe ich. Und schaffe die ganze Tour. Völlig verschwitzt kehre ich mit hochrotem Gesicht zum Betriebshof zurück. Die vielen anderen Männer nehmen mich wahr, schräge Bemerkungen gibt es auch jetzt nicht.

Was habe ich gelernt? Weit mehr, als ich dachte. Ich weiß nun um die Freundlichkeit der Menschen und die Einsamkeit in der Stadt, um die Sichtbarkeit der Müllwerker und die Fähigkeiten von Frauen. Ich weiß um mein Misstrauen, meine eigenen Vorurteile. Diese Erfahrung wird bleiben.

2 DIE DATEN: WER VERTRAUT WEM?

Mit den Daten der Vermächtnisstudie[18] lassen sich die vielfältigen Vertrauensbeziehungen der Menschen in Deutschland gut nachvollziehen. Zunächst geht es dabei um das Vertrauen in sich selbst, dann um das kleine Wir von Familie, Freunden und nahen Bekannten, schließlich um Fragen des bürgerschaftlichen Engagements und um das generalisierte Vertrauen. Inwieweit spielen diese Formen des Vertrauens eine Rolle, wenn man erklären möchte, was die Menschen übereinander denken? Auf der Suche nach Antworten schauen wir uns schließlich vier Themen an, die unser gesellschaftliches Zusammenleben insgesamt prägen. Was denken die Menschen in Deutschland übereinander, wenn es um Familie, Arbeit, Fortschritt und Solidarität geht?

Das Selbstvertrauen

Ein kurzer Blick in die Regale von Buchhandlungen und die Ergebnisse einer Suchanfrage im Internet zeigen, worum es oft geht, wenn über Vertrauen gesprochen wird. Was sich dort findet, kreist um das eigene Ich, beschreibt goldene Wege hin zu mehr Selbstvertrauen, zu größerem Selbstwertgefühl und zum Modebegriff der letzten Jahre, zur Resilienz. Das Thema boomt. In unserer Welt des vielfältigen, weitreichenden und schnellen Wandels sind Aufgeschlossenheit, Mut und eine innere Festigkeit zentrale Eigenschaften, die einem dabei helfen, auf Veränderungen vorbereitet zu sein und sich ihnen zu stellen, statt sich zu verkriechen. Ratgeber zur Selbstoptimierung setzen also oft beim Einzelnen an, nicht bei den gesellschaftlichen Bedingungen.

Dabei kommt Selbstvertrauen gar nicht aus uns selbst. Wir sind auf die anderen angewiesen, um es entwickeln zu können. Die Psychologie verwendet daher eine andere Begrifflichkeit. Das, was wir gemeinhin »Selbstvertrauen« nennen, wird hier als die Fähigkeit der Einzelnen bezeichnet, sich selbst als Kommandozentrale, als »locus of control«, zu sehen. Verorten die Menschen die Handlungsmacht bei sich selbst, spricht man von »interner Kontrollüberzeugung«, glauben sie dagegen an die Macht fremder Kräfte, von »externer Kontrollüberzeugung«.[19]

Kontrollüberzeugungen sind entscheidend für den Aufbau von Vertrauen, das immer ein Mindestmaß an Kontrolle voraussetzt. Erst das Gefühl, Dinge im Griff zu haben, befähigt dazu, Vertrauen zu zeigen bei all dem, was man nicht unter Kontrolle hat. Wer nicht über Selbstvertrauen verfügt, dem fällt es folglich auch schwerer, Vertrauen zu anderen zu entwickeln. Beides geht miteinander einher und bestimmt das gesellschaftliche wie persönliche Leben. Somit stellt sich die Frage: Wie viel Selbstvertrauen finden wir in Deutschland? Haben die Menschen den Eindruck, ihr Leben selbst zu bestimmen, wirkmächtig zu sein? Oder fühlen sie sich wie eine Marionette fremder Mächte?

Folgt man der Vermächtnisstudie, sind knapp 70 Prozent der Befragten davon überzeugt, dass der Verlauf ihres Lebens von ihnen selbst abhängt. Es sind diejenigen, die mit ihren Antworten nach unserer Definition am oberen Ende der Skala stehen, die ihre Überzeugung also deutlich artikulieren.[20] Nur 15 Prozent gehen davon aus, dass andere über ihr Leben bestimmen. Alle anderen äußern sich unentschieden und landen in der Skalenmitte. Die Mehrheit hat also eine sehr ausgeprägte interne

Kontrollüberzeugung, die Wahrnehmung, dass die Ereignisse in ihrem Leben auf eigenes Handeln zurückgehen. Nein, als Spielball externer Kräfte, von mächtigen Institutionen oder unglücklichen Rahmenbedingungen sehen sich die Menschen in Deutschland nicht. Das gilt für alle sozialstrukturellen Gruppen, für Menschen gleich welchen Alters oder Geschlechts, ob in West oder Ost, ob mit Migrationserfahrung oder ohne, ob gebildet oder nicht, ob reich oder arm, ob erwerbstätig oder nicht. Die Überzeugung: »Wie mein Leben verläuft, hängt von mir selbst ab«, erscheint wie eine starke Norm, die alle sich zu eigen gemacht haben. Mit anderen Worten, es gilt: Jeder ist selbst seines Glückes Schmied.

Weder die anderen Menschen noch die sozialen Umstände kommen in diesem Selbstvertrauen vor. Das mag auch damit zu tun haben, woraus wir dieses Selbstvertrauen schöpfen. So gut wie alle Menschen in Deutschland teilen eine Vorstellung davon, was zu einem erfolgreichen Leben gehört und wie dieser Erfolg zu erreichen ist. Erfolg wird in der Erwerbsgesellschaft verortet. Will man ein erfolgreiches Leben, muss man hart arbeiten. Anstrengung und Leistung zählen. Entsprechend sollen jene, die mehr leisten, auch mehr verdienen. Fast 80 Prozent der Menschen in Deutschland stimmen dem zu, irgendwelche Unterschiede zwischen sozialstrukturellen Gruppen finden sich auch hier nicht. Man leistet etwas und vertraut darauf, dass es in der einen oder anderen Form zurückgegeben wird.

Diese Einschätzung verwundert zunächst, gäbe es objektiv doch genügend Anlass zum Misstrauen. Es ist kein Geheimnis, wie sehr gute gesellschaftliche Positionen von persönlichen Merkmalen und der Herkunft abhängen. Wir leben in vielerlei Hinsicht in einer Erbengesellschaft. Reiche vererben ihren Reichtum an ihre Kinder. Männer vererben ihre Vorstandsposten an andere Männer. Und selbst Bildung wird vererbt. Die Leistungsgesellschaft beruht eigentlich auf der Norm einer Reziprozität zwischen eigener Anstrengung auf Grundlage eigener Fähigkeiten und dem, was man dafür erhält beziehungsweise erreicht. Doch dieser Gesellschaftsvertrag, das wechselseitige Verhältnis von Geben und Nehmen, ist aus dem Lot geraten. Zu sehr unterscheiden sich die Ausgangsbedingungen, die es den einen einfach, den anderen aber sehr schwer machen, etwas zu erreichen.

Umso bemerkenswerter ist es, dass sich jene, deren Lebenschancen von sozialen Umständen besonders beschränkt werden – jene mit niedriger Bildung oder niedrigem Einkommen etwa –, sehr unauffällig äußern. Sie antworten nicht anders als Menschen mit guter Bildung und gutem Einkommen. Bildungs- und einkommensarme Menschen verweisen also nicht auf soziale Gegebenheiten oder auf Institutionen, die ihnen Hürden in den Weg stellen. Sie protestieren nicht. Sie bleiben scheinbar ruhig, jammern nicht. Was an Unzufriedenheit da ist, brodelt unter der Oberfläche. Wie ist das zu erklären? Sind ihnen die beklemmend engen Zusammenhänge zwischen sozialer Herkunft, Schule und Bildungserfolg in Deutschland nicht bekannt? Fühlen sie sich nicht betroffen? Schreiben sie ihre Situation, ihr vermeintliches Versagen, tatsächlich weitgehend sich selbst zu und rationalisieren so ihre eigene Lage, anstatt die Erwerbsgesellschaft dafür verantwortlich zu machen und ihr das Vertrauen zu entziehen?

Darauf gibt es keine einfache Antwort. Ja, wie das eigene Leben verläuft, hängt von eigenen Entscheidungen ab. Davon sind die Menschen überzeugt. Wenn ich etwas leiste, wird diese Leistung belohnt. Gleichzeitig wird sehr wohl gesehen, wie ungleich die Ausgangsbedingungen sind. Immerhin 40 Prozent meinen, dass ihre Lebensmöglichkeiten von sozialen Umständen bestimmt werden, die anderen zeigen sich unentschieden. Man entscheidet also über sein Leben im Rahmen der gegebenen sozialen Möglichkeiten – ein durchaus wichtiger Zusatz. Erstaunlicherweise bleiben die Menschen dennoch dabei: Was man im Leben nicht erreicht hat, wird auf persönliche Eigenschaften geschoben. Nicht, dass sich die Menschen geringere Anstrengungen attestierten. Es sind die Fähigkeiten, die sie sich absprechen und die zu niedrigeren Erfolgserwartungen führen. Dies gilt besonders für bildungsarme Menschen.[21] Bildungsreiche Menschen pochen dagegen vor allem darauf, sich angestrengt zu haben.

Ungleiche Ergebnisse werden akzeptiert, auf ungleiche Anstrengungen zurückgeführt – und auf ungleiche Fähigkeiten. Man individualisiert gewissermaßen die strukturell ungleichen Lebenschancen. Der Glaube daran, dass sich Leistung lohnt, bedeutet nicht allein, dass der Gesellschaftsvertrag des Gebens und Nehmens gilt. Er steht für das Vertrauen in die gerechte Verfasstheit der Gesellschaft insgesamt. Und dieses aufzugeben, scheint nicht so einfach zu sein. Man verdrängt.

Es bleibt eine Minderheit, die ein gewaltiges Knirschen wahrnimmt und auch explizit auf ihr Leben bezieht. Diese Menschen fühlen sich um den Lohn ihrer Anstrengungen gebracht. »Im Vergleich zu anderen habe ich nicht das erreicht, was ich verdient habe«, sagen 13 Prozent der Befragten. Erschreckend ist die klare sozialstrukturelle Verankerung dieser Menschen. Es sind überwiegend Personen ohne mittleren Schulabschluss oder Ausbildung, bildungsarme Menschen, die ihre Erwartungen nicht erfüllt sehen. Konkret: 9 Prozent der bildungsreichen Befragten mit Abitur oder Hochschulabschluss zeigen sich enttäuscht, bei den bildungsarmen sind es 22 Prozent.

Hinzu kommt: Bildungsarme berichten häufiger davon, dass ihnen andere in ihr Leben grätschen und darüber bestimmen. Neben dem enttäuschten Vertrauen in die Reziprozität passt auch das nicht in das Spiel von Geben und Nehmen. Solche Erfahrungen machen einige wütend, bei anderen führen sie zu der viel beschriebenen Hilflosigkeit und einer geringen Kontrollüberzeugung. »Mit Engagement kann ich soziale Verhältnisse beeinflussen«, geben 35 Prozent der Hochschulabsolventen an, bei den Bildungsarmen ist es gerade einmal die Hälfte davon. »Ich fühle mich den Anforderungen des Lebens gewachsen«, sagen 70 Prozent der Bildungsreichen, unter den Bildungsarmen ist es nur jeder oder jede Zweite.

Das Vertrauen darauf, die Herausforderungen des Lebens bewältigen zu können, hat auch eine Kehrseite: die Angst, es eben nicht zu schaffen. Wieder ist die Bildung der entscheidende Faktor. So bejahen zwar immerhin 23 Prozent der Bildungsreichen, Angst davor zu haben, »von staatlicher Unterstützung abhängig zu sein oder zu werden«. Bei den Bildungsarmen sind es aber fast doppelt so viele. Unter den Bildungsreichen hat jede oder jeder Dritte Angst davor, »selbst arm zu sein oder zu werden«. Bei den Bildungsarmen ist es sogar jede oder jeder Zweite.

Wir können diese ersten Spuren auf der Suche nach dem Vertrauen nun zusammenfassen. Selbstvertrauen, das zeigen die Ergebnisse unserer Befragung, ist da. Es speist sich aus dem Vertrauen darauf, dass die Gesellschaft trotz aller Unterschiede Leistung gerecht entlohnt. Bestimmte Gruppen der Gesellschaft sehen ihr Vertrauen aber enttäuscht. Das liegt auch, aber nicht nur am Geld. Es fehlt an Beziehungen, Anerkennung, Respekt und Integration, an all dem, was Vertrauen eben ausmacht. Die betroffenen Menschen sehen die Grundlage des Gesellschaftsvertrags bedroht.

Wir stellen anhand unserer Daten auch fest, dass diese Befürchtung sich nicht danach unterscheidet, welches Geschlecht und welches Alter die Befragten haben, ob sie im Osten oder Westen Deutschlands leben. Von allen sozialstrukturellen Einflüssen erweist sich die Bildung als der wichtigste. Sie wiegt schwerer als

Faktoren wie Erwerbsarbeit, Einkommen oder Arbeitslosigkeit. Bildung ist der Schlüssel, wenn es um Verwirklichungschancen geht – ob man also die eigenen Wünsche in gleichem Maße umsetzen kann wie die anderen.

Das Vertrauen im kleinen Wir

Selbstvertrauen ist wichtig, niemand würde das bestreiten. Doch es allein genügt nicht. Menschen sind soziale Wesen, sie brauchen ein Wir. Auch wenn wir alleine zurechtkommen, die Einsamkeit manchmal genießen, ein Wir tut uns gut. Das Wir ist ein Ort des doppelten Vertrauens – in die anderen und in uns selbst. Wer dagegen ungewollt einsam ist, bedeutet sich selbst weniger, weil er anderen weniger bedeutet. Er gibt auch weniger auf sich acht. Einsamkeit macht körperlich krank.[22]

Nicht überraschend ist dieses Wir daher ein zentraler Wert für unsere Befragten. Knapp 80 Prozent messen ihm höchste Bedeutung zu, wenn sie sagen, dass ihnen ein »Wir-Gefühl« wichtig ist. Fragt man die Menschen, ob sie es auch den kommenden Generationen ans Herz legen, so ist der Anteil noch höher. Ein Wir zu haben ist der Kern ihres Vermächtnisses.

Da das Wir so wichtig für das Vertrauen in andere ist, haben wir genauer nachgefragt. Wen meinen die Menschen mit dem Wir? Ist es das eigene Land? Die Heimat? Sind es »die Deutschen« in Abgrenzung zu Menschen mit Migrationserfahrung? Die Antworten geben Aufschluss darüber, ob man nur Menschen vertraut, die man als Familie und Freunde gut kennt, oder ob das Vertrauen auch darüber hinausgeht. Wenn man direkt danach fragt, was man mit dem Wir verbindet, ob es für Familie, Nachbarschaft oder das Heimatland steht, zeigen die Ergebnisse: Das Wir ist vor allem an den sozialen Nahbereich gebunden. Mit über

90 Prozent sagen die Befragten, dass das Wir die Familie, die Freunde und Bekannten sind.[23] Es herrscht demnach ein partikulares Vertrauen in Menschen vor, die wir gut kennen und mit denen wir häufigen Kontakt pflegen.

Wie viele Menschen gehören zu diesem kleinen Wir? Wie ähnlich sind sich diese Menschen? Inwiefern bilden sie eine Gruppe mit sozialstrukturell sehr homogener Zusammensetzung, sei es in Bezug auf Bildung, Einkommen und Vermögen, sei es im Sinne ähnlicher Meinungen und Vorlieben? Welche Folgen hat die soziale Zusammensetzung des Freundeskreises?

Vermessen wir also dieses kleine Wir.[24] Über 70 Prozent der Befragten geben an, viele Freunde und Bekannte zu haben, manche haben weniger, aber fast alle können auf Freundschaften verweisen. Ein Wir fehlt selten. Wie aber ist der Freundeskreis zusammengesetzt? Haben die Freunde ähnlich viel Geld, teilen sie die eigene politische Meinung? Entsprechen sich Religion, Herkunft, Muttersprache? Wie sich zeigt, hat fast ein Fünftel der Befragten, 17 Prozent, völlig homogene – man sagt auch: geschlossene – Netzwerke. Die Freunde sind wie man selbst und unterscheiden sich in keinem der genannten Merkmale.

Betrachtet man die einzelnen Aspekte getrennt, so sind sich die Menschen eines solchen Netzwerks hinsichtlich ihrer Muttersprache, Migrationserfahrung und Religion besonders ähnlich. Nur 32 Prozent der Befragten haben nach eigener Angabe Freunde mit einer anderen Muttersprache als sie selbst, 33 Prozent haben sowohl Freunde mit als auch welche ohne Migrationserfahrung und 44 Prozent haben Freunde mit einer anderen Religionszugehörigkeit. Geht es um politische Meinungen, bewegen sich gut 70 Prozent der Befragten in Netzwerken, in denen die Mitglieder unterschiedliche Positionen einnehmen, ein Drittel dagegen in Netzwerken, die nur eine politische Meinung teilen.

Da wir keine Vergleichszahlen aus anderen Ländern haben und auch die Entwicklung über die Jahrzehnte hinweg nicht kennen, können wir diese Ergebnisse nicht wirklich einordnen. Wir können nicht beurteilen, ob der beobachtete Grad an Offenheit oder Geschlossenheit von Freundschaftsnetzwerken nun hoch oder niedrig ist.[25] Wohl aber können wir die Zusammensetzung der Netzwerke nach Bildung, Einkommen und anderen sozialstrukturellen Merkmalen vergleichen. Finden wir Muster? Haben Menschen je nach ihrer sozialstrukturellen Lage eher geschlossene oder eher offene Netzwerke?

Um diese Frage zu beantworten, verdichten wir die Angaben zu zwei Indikatoren: Die *soziodemografische Homogenität* unterscheidet danach, wie ähnlich die Freunde im Hinblick auf Bildung und Einkommen sind. Von *kultureller Homogenität* sprechen wir, wenn sich die Freunde in Bezug auf das Herkunftsland der Eltern, die Muttersprache und Hautfarbe sowie in ihrer politischen Meinung, Religion und Berufsbranche kaum unterscheiden.[26] Dieser Zugang macht zwei Faktoren sichtbar, nach denen sich Freundeskreise systematisch unterscheiden: Bildung einerseits, der Vergleich von Ost- und Westdeutschland andererseits.

Unterschiede nach Bildung sind uns bereits bekannt. Bildungsarme Menschen sehen ihr Vertrauen in den Gesellschaftsvertrag enttäuscht. Dies haben wir gerade gezeigt. Hinzu kommt nun, dass sich bildungsarme Menschen in besonders geschlossenen Netzwerken bewegen. Das heißt: Ihre Freunde sind überwiegend ebenfalls bildungsarm. Hinzu kommt, dass sie überwiegend auch einkommensarm sind. Fragt man etwa, ob sich Akademiker in ihrem Netzwerk befinden, melden 62 Prozent der bildungsarmen Befragten: »Fehlanzeige«. Haben die Befragten eine Ausbildung abgeschlossen, geben noch 43 Prozent an, dass zu ihrem Freundeskreis keine Akademiker gehören. Unter Menschen mit Abitur liegt der entsprechende Anteil bei 20 Prozent, unter Hochschulabsolventen bei 7 Prozent. Gleich zu Gleich, das ist die Botschaft. Beim Einkommen ist es ganz ähnlich.

Interessant ist auch, dass einkommensarme Menschen angeben, vergleichsweise viele Menschen zu kennen, deren Einkommen niedriger ist als das ihre. Menschen mit hohem Einkommen verweisen dagegen auf viele Menschen in ihrem Freundeskreis, die über mehr Geld verfügen. Arme Menschen vergleichen sich demnach mit Menschen, denen es noch schlechter geht, und relativieren so ihr eigenes Elend. Wir kennen das aus der Armutsforschung. Reiche Menschen dagegen schotten sich nach unten ab und orientieren sich nach oben. Relativ zu denen da oben, sagen sie, bin ich ja fast arm, gehöre jedenfalls zur Mittelschicht.[27] Das mag Ansporn sein oder schlicht Rechtfertigung.

Fassen wir soziodemografische und kulturelle Homogenität zusammen, zeigt sich: Bildungsreiche haben die insgesamt vielfältigeren Netzwerke. Geschlossene Netzwerke, also Netzwerke, in denen sich alle Mitglieder sehr ähneln, finden wir nur bei 11 Prozent von ihnen. Bei bildungsarmen Menschen liegt dieser Anteil mit 28 Prozent weit höher. Mit Bildung geht also auch eher der Aufbau eines kleinen Wirs einher, das den Zugang zu sehr verschiedenen Menschen herstellt, zur Vielfalt der Gesellschaft. Bildung ist folglich weit mehr als eine formale Qualifikation oder eine (erworbene) kognitive Fähigkeit. Sie ist eine Ressource, die es einfacher macht, Beziehungen zu Menschen aufzubauen und zu halten, die ganz anders sind als man selbst.

Netzwerke unterscheiden sich auch zwischen Ost und West. Hier geht es weniger um Arm oder Reich, um gute oder schlechte Bildung. Hier geht es um kulturelle Faktoren, um Sprache, Herkunftsland, Religion und politische Meinung. In nüchternen Zahlen: Bezogen auf die Muttersprache, sind im Osten 88 Prozent der

Freundeskreise homogen, bezogen auf die Migrationserfahrung 84 Prozent, auf die Religion 72 Prozent und auf die politische Meinung 45 Prozent. Die Werte für Menschen, die in Westdeutschland leben, liegen jeweils um die 20 Prozentpunkte darunter. Ein ähnliches Ergebnis haben wir, wenn wir alle Faktoren zusammenfassen. Im Osten haben demnach 32 Prozent der Menschen homogene Netzwerke – im Westen nur halb so viele.

In diesen Zahlen drücken sich auch dreißig Jahre nach der Wiedervereinigung die unterschiedlichen Migrationsgeschichten der ehemaligen deutschen Teilstaaten aus. In der BRD waren es die Menschen aus Italien, Griechenland oder der Türkei, die der deutsche Wirtschaftsboom durch Anwerbeabkommen seit den 1950er-Jahren zu Millionen in die Bundesrepublik brachte. Während bis in die 1980er-Jahre die Vorstellung bestand, diese sogenannten Gastarbeiter würden Deutschland eines Tages wieder verlassen, wurden sie, bei aller Ungleichbehandlung, in der zweiten Generation dann doch zu einem Teil der bundesdeutschen Bevölkerung. In der DDR war die Situation eine andere. Die Vertragsarbeiter aus Kuba, Mosambik oder Vietnam wohnten in separaten Wohnsiedlungen. Eine Integration in die Gesellschaft wurde bis zum Ende nicht angestrebt.

Im Jahr 1989 lebten so nur 190 000 Ausländer in der DDR. Dies hat Spuren in der Bevölkerungszusammensetzung hinterlassen. So liegt der Anteil der ausländischen Bevölkerung heute in den westdeutschen Bundesländern bei 12 Prozent, in den ostdeutschen Bundesländern dagegen bei nur 4 Prozent.[28] Die Idee einer »postmigrantischen Gesellschaft«, in der ein Neben- und Miteinander verschiedener Kulturen normal geworden ist, stellt sich in der Realität der neuen und alten Bundesländer bisher also noch sehr verschieden dar. Das spiegelt sich nicht zuletzt in der Zusammensetzung der Freundeskreise.

Neben der Bildung und den Unterschieden nach Ost/West sehen wir noch andere Trennlinien, die interessant und teilweise überraschend, insgesamt aber weit weniger durchgängig sind. Das Lebensalter ist ein Beispiel. Je jünger die Menschen sind, desto selbstverständlicher sind für sie Freunde mit Migrationserfahrung und anderer Muttersprache. Die Erwerbstätigkeit öffnet soziale Kreise und bringt insbesondere Menschen mit unterschiedlichen politischen Einstellungen in Kontakt. Kinder dagegen scheinen Netzwerke eher zu schließen. Eltern haben weniger Menschen mit Migrationserfahrung im Freundeskreis, weniger Menschen mit anderer Muttersprache oder anderer Religion.

Fassen wir zusammen: Die sozialen Umstände bestimmen zu einem guten Teil die Zusammensetzung des kleinen Wir. Bildungsarme haben weniger heterogene Freundschaftsnetzwerke als Bildungsreiche. Im Osten hat man weniger Freunde mit anderer Hautfarbe, Nationalität oder Muttersprache als im Westen. Mit dem, was wir über das Vertrauen im ersten Kapitel gezeigt haben, lassen sich hier zwei Achsen der Ungleichheit erkennen. Zum einen sind die Möglichkeiten ungleich verteilt, im vertrauten Kreis mit Menschen zusammenzukommen, die nach den genannten Kriterien anders sind als man selbst. Mit höherer Bildung geht demnach schon im Privatleben eine höhere soziale Reichweite einher, ähnlich wie es Granovetter bei der Jobsuche gezeigt hat. Zum anderen legen die Ergebnisse nahe, Unterschiede zwischen Ost- und Westdeutschland nicht kulturell, wie oft vermutet, sondern demografisch zu denken. Die unterschiedliche Zusammensetzung der Bevölkerung spiegelt sich letztlich im jeweiligen kleinen Wir der Freundeskreise wider. Im Klartext: Die Chancen auf private, vertrauensvolle Beziehungen zu Menschen mit anderer Hautfarbe, Nationalität oder Muttersprache sind im Osten Deutschlands strukturell schlechter.

Exkurs: Alternative Heimat?

Lässt sich die Geborgenheit, die das kleine Wir geben kann, auch auf das gesellschaftliche Zusammenleben insgesamt übertragen? So könnte man die grundlegende Frage formulieren, die derzeit unter dem Begriff der Heimat verhandelt wird.[29] Ursprünglich stand Heimat für einen romantischen Gegenentwurf zur Entfremdung in der Großstadt. In vielen Fällen mehr Traum als Wirklichkeit. Später wurde das Wort nationalistisch vereinnahmt und versinnbildlichte all das, was gegen Fremde verteidigt werden sollte. Seit einigen Jahren macht der Begriff erneut Karriere. So wurde im März 2018 der Aufgabenbereich des Bundesinnenministeriums um die »Heimat« ergänzt. Es ginge nicht um »Dirndl oder Lederhose«, so Horst Seehofer, »sondern um gleichwertige Lebensverhältnisse in allen Regionen und um den gesellschaftlichen Zusammenhalt«.[30]

Heimat ist allerdings nicht irgendein Begriff, der unser Zusammenleben thematisiert. In seiner neuen Form verbindet er die Frage bürgerschaftlicher Eingebundenheit mit gemeinsamer Identität. Zusammenhalt, so die politische Idee, entsteht durch gemeinsame Verantwortung, die ihren Rückhalt wiederum in gemeinsamer Identität findet. Identität bindet an die Umwelt. Wer sich mit der Heimat verbunden fühlt, zieht nicht einfach weg, sondern bringt sich in seinem Umfeld ein. Ulrich Wickert überschreibt seine Forderung eines »neuen Heimatgefühls« gar mit dem Appell »Identifiziert euch!«.[31]

Doch ist Heimat dafür wirklich das richtige, für alle gültige Konzept? Schauen wir uns wieder die Ergebnisse unserer Studie an. Wir haben mehrere Beschreibungen von Heimat gesammelt und die Befragten gebeten, jeweils anzugeben, ob diese ihrer Meinung nach für Heimat stehen oder nicht. Aus den so erhobenen Daten können wir verschiedene Konzepte von Heimat ableiten.[32] Am stärksten ist die Zustimmung zu einem sozialen Konzept: Heimat als Ort, an dem man sich geborgen fühlt (88 Prozent), der Ort, an dem man wohnt (70 Prozent), an dem die eigene Familie lebt (80 Prozent), an dem man seine Freunde hat (68 Prozent). Für die Mehrheit der Menschen in Deutschland bedeuten gute Beziehungen im nahen sozialen Umfeld also Heimat.

Ein weiteres Konzept verbindet die Aussagen, dass Heimat dort ist, wo die eigene Sprache gesprochen wird, wo man »ein Grundstück oder Haus« besitzt oder dass Deutschland Heimat ist. Diesem territorialen und nationalen Verständnis stimmt etwa die Hälfte der Befragten zu. Ein weiteres Konzept ist die geteilte Kultur, die ebenfalls für die Hälfte Heimat bedeutet. Dazu gehört auch die Religion, wenngleich hier gerade einmal jeder Fünfte zustimmt. Hinzu kommen sentimentale Deutungen. Etwas mehr als die Hälfte sagt, dass Heimat ein »Gefühl, zum Beispiel ein Geruch« sei. Für ebenso viele steht sie für »etwas von früher«. Für all die zuletzt genannten Beschreibungen finden sich also keine deutlichen Mehrheiten.

Die Ergebnisse zeigen klar, dass das wichtigste Konzept von Heimat ein soziales ist. Heimat als Ort der Geborgenheit, dem stimmen fast 90 Prozent zu. Und sie sagen, dass diese Geborgenheit überall sein kann, wo auch Familie und Freunde sind. Das kleine Wir. Wenig überraschend stimmen dem vor allem Befragte mit einem großen Freundes- und Bekanntenkreis zu und solche, die sich regelmäßig mit anderen Menschen treffen oder ein Stammlokal haben. Bei den territorialen und nationalen Konzepten finden wir deutlich weniger Zustimmung. Hier scheint die Gesellschaft in zwei Hälften geteilt.

Wer welchem Konzept nähersteht, ist eine Frage der Bildung. Die Unterschiede zeigen sich dabei insbesondere zwischen Menschen mit und ohne Hochschulabschluss. Erstere haben insgesamt ein schwächeres Heimatkonzept, antworten also bei allen Fragen weniger zustimmend. Insbesondere die kulturellen Aspekte sind weniger wichtig. Für gut Gebildete ist Heimat seltener ein Ort, an dem andere Menschen denken wie sie. Ihre Zustimmung liegt hier nur bei 20 Prozent, im Vergleich zu Bildungsarmen mit 50 Prozent. Für gut Gebildete ist Heimat auch weniger ein Ort, an dem ihre Sprache gesprochen wird, weniger Deutschland, weniger ein Grundstück oder Haus.

Kann Heimat also Identität und Vertrauen stiften? Ja, aber nur bedingt. Ihren »natürlichen« Ort hat sie im kleinen Wir, da sind sich die Befragten einig. Heimat steht für die Geborgenheit, die Familie und Freunde geben. Darüber hinaus zeigt sich ein Konflikt um die Heimat als Territorium und geteilte Kultur, der sich nicht sinnvoll auflösen lassen wird. Er trennt vor allem die gut von den weniger gut Gebildeten. Anstatt den Zusammenhalt in der großen Identifikation zu suchen, kann es da vielleicht helfen, auf das zu schauen, was auch ohne gemeinsame Identität verbindet: die soziale Infrastruktur des Alltags.

Die Heimat am Telefon

Jan Wetzel

Während meines Studiums arbeitete ich für eine Weile im Telefonservice eines viel gehörten regionalen Radiosenders in Sachsen. Dort war ich Ansprechpartner für alle Fragen, die Hörerinnen und Hörer so haben können. Welches Lied kam heute Morgen um 9 Uhr nach den Nachrichten? Wo bekommt man einen Mitschnitt des Beitrags, der gestern über unseren Verein lief? Oft jedoch die Frage: Warum spielen Sie nicht mehr die schönen, alten Schlager?

Kurz bevor ich mit meiner Arbeit dort begonnen hatte, hatte der Sender zur »Verjüngung« des Programms die Musikauswahl umgestellt. Weniger deutsche Titel, weniger alte deutsche Schlager, weniger Musik aus der DDR-Zeit. Dem Sender war dabei kein Vorwurf zu machen. Wenn sich das Publikum ändert, muss auch das Programm mit der Zeit gehen.

Doch am Telefon merkte ich schnell: Für viele der Anrufer war das Programm ein Teil ihres Alltags, ihrer Heimat, ihrer Identität. Manche wollten mit ihrem Anruf einfach ihren Ärger ausdrücken, in der Hoffnung, vielleicht etwas an der Entscheidung korrigieren zu können. Die Erbosteren kamen vom Hundertsten ins Tausendste: Weniger deutsche Titel, das sei Ausdruck fehlenden Nationalstolzes. Weniger alte deutsche Schlager, so werde man als Rentner diskriminiert. Weniger Musik aus der DDR-Zeit, so werde Geschichte von den Siegern geschrieben.

Doch es gab auch solche, die freundlich blieben. Bei ihnen konnte ich umso deutlicher die Enttäuschung über diese Entscheidung raushören. Die Umstellung des Programms als Vertrauensbruch eines Senders, der sie in seiner Verlässlichkeit seit Jahrzehnten begleitet hatte.

Kann so etwas in Zukunft noch passieren? Die Zusammenstellung unserer Musikdiät überlassen wir immer weniger einer Redaktion oder Programmdirektion. Dank Spotify, YouTube und Netflix stelle ich mir mein Programm selbst zusammen. Wem muss ich da noch vertrauen?

Die Brücken des Vertrauens

Das kleine Wir ist wichtig und kann Chancen zum Kontakt öffnen. Allerdings bauen wir zu den wenigsten Menschen in unserem Leben ein solch persönliches Verhältnis auf. Die meisten Beziehungen sind oberflächlicher. Für das Vertrauen, das man in seine Mitmenschen entwickelt, sind sie aber nicht weniger wichtig. Das gilt gleichermaßen für die Arbeit, im Verein, für die Nachbarschaft, für Begegnungen auf der Straße. All diese Kreise sind als Brücken zwischen den kleinen Wirs zu verstehen, als Strukturen, durch die man mehr oder weniger mit Fremden in Kontakt kommen kann. Wie und wo ergeben sich also Möglichkeiten, im Alltag andere Menschen zu treffen? Um das zu verstehen, wollten wir von den Befragten wissen, wie oft sie Menschen begegnen, die – so unsere Formulierung – »ganz anders sind als sie selbst«. Die Antworten sind reine Selbstauskünfte. Doch wir können mit ihnen umso besser messen, was uns interessiert: die Fremdheitserfahrung. Die Erfahrung, im Gespräch mit anderen aus der eigenen »Blase« herauszukommen.

Knapp die Hälfte unserer Befragten spricht mehrmals in der Woche mit Fremden, 10 Prozent tun dies höchstens einmal im Jahr. Wieder finden sich darüber hinaus die bereits bekannten Unterschiede: Menschen im Westen reden eher mit Fremden als Menschen im Osten, bildungsreiche Menschen eher als bildungsarme, Erwerbstätige eher als Nicht-Erwerbstätige (hier ist der Unterschied mit 62 zu 30 Prozent besonders hoch). Die Daten zeigen auch: Die Vielfalt in den Freundesnetzwerken und die Häufigkeit von Gesprächen mit Fremden hängen eng zusammen. Für die Chance, mit Menschen, die ganz anders sind als man selbst, in Kontakt zu kommen, macht der Freundeskreis, das kleine Wir, also einen Unterschied.

Neben dem »Wie oft« hat uns auch das »Wo« interessiert – die Orte, an denen unsere Befragten mit Fremden sprechen. Erwartungsgemäß gab nur knapp ein Fünftel hier die Familie oder den Freundeskreis an. Am wichtigsten ist wieder der Arbeitsplatz, diesen nannten 48 Prozent. Cafés, Kneipen, Bibliotheken und andere öffentliche Orte sind für 44 Prozent Orte der Begegnung. Fast ein Drittel kommt in der Nachbarschaft und bei organisierten Treffen oder Veranstaltungen, beispielsweise im Verein, ins Gespräch mit anderen.

Dabei finden wir manche Unterschiede. Eltern sowie Frauen treffen in ihren Freundeskreisen weniger häufig auf Menschen, die ganz anders sind als sie selbst. An öffentlichen Orten sind es jedoch besonders Frauen, die häufiger mit Menschen sprechen, die sie nicht kennen. Für Vollzeit-Erwerbstätige ist der Arbeitsplatz öfter ein Ort für solche Gespräche, seltener jedoch die Nachbarschaft.

Diese Angaben lassen sich auch in objektiven Daten über die Infrastruktur vor Ort nachvollziehen. So sprechen Menschen in Landkreisen mit guter Nahversorgung öfter mit Menschen, die ganz anders sind als sie selbst. In Gegenden mit guter Erreichbarkeit von Apotheken reden 61 Prozent mindestens einmal in der Woche mit anderen Leuten, in schlecht versorgten Kreisen nur 53 Prozent. Ebenso verhält es sich mit Einkaufsmöglichkeiten. Gibt es in der Nähe Supermärkte oder Discounter, stellen wir eine um 8 Prozentpunkte höhere Gesprächshäufigkeit fest.[33]

Kommen wir von den mehr oder weniger zufälligen Gelegenheiten zu den organisierten Formen von Kontakt. Um zu erfahren, wie die Menschen sozial eingebunden sind, müssen wir auch einen Blick darauf werfen, wo und wie die Befragten diese Orte dazu nutzen, Kontakt zu anderen aufzunehmen.[34] Es geht um gesellschaftliches Engagement im weitesten Sinne. Wer sich engagiert, kann sich als Teil des gesellschaftlichen Lebens oder im politischen Bereich als politischer Akteur verstehen. Das wiederum ermöglicht es, die so wichtige Selbstwirksamkeit zu erfahren, die zum Vertrauen befähigt.

Wie sieht es also mit dem bürgerschaftlichen Engagement aus? Ein gutes Drittel der Befragten gibt an, Mitglied in mehr als einem Verein oder Verband zu sein, 27 Prozent bekleiden ein Ehrenamt. 6 Prozent besuchten 2018, also im Jahr der Erhebung, eine Sitzung des Gemeindeparlaments, sei es als Mitglied oder als Gast. Ebenso viele nahmen an einer Demonstration teil. Über die Hälfte unterhält sich oft über Politik. Die sozialstrukturellen Unterschiede zeigen sich auch bei diesem Thema deutlich. So sind höher Gebildete häufiger in Vereinen und Verbänden engagiert. Wer höhere finanzielle Rücklagen hat, nicht jeden Monat zusehen muss, »über die Runden« zu kommen, übernimmt eher ein Ehrenamt oder besucht Sitzungen des Gemeinderats. Wer mehr Geld und mehr Bildung hat, unterhält sich mehr über Politik.

Das Fitnessstudio

Jan Wetzel

Nach meinem Umzug im letzten Jahr suchte ich ein Fitnessstudio für mich. Es gibt viele Optionen. Und für jedes Bedürfnis das geeignete Studio. Es gibt Studios für ältere Menschen, die vor allem mit den körperlichen Problemen des Alters zu tun haben und sich fit halten wollen. Dafür bin ich zu jung. Es gibt Studios, in denen sich vorwiegend Bodybuilder aufhalten. Das passt nicht wirklich für mich. Gerade hatte auch ein neues Studio aufgemacht, das mit enger Betreuung und einem optimierten Konzept in nur 20 Minuten Training versprach, den Rücken zu stärken, fit für den Alltag zu werden, Gewicht zu reduzieren, Performance zu steigern, mehr Muskeln aufzubauen, den Body zu shapen. Das hörte sich zu stressig an.

Gefunden habe ich schließlich ein Fitnessstudio, das die perfekte Mischung bietet. So verbindet es das klassische Fitnessstudio mit dem Rehasport in einem großen Raum. Junge und alte Bodybuilder, Alt- und Neuberliner, Rentner, die vormittags etwas für ihren Rücken tun, und Leute wie ich, die sich je nach Stimmung fit halten wollen, trainieren zusammen. Die Vielfalt zieht sich bis in die Fernsehprogramme, die die Trainierenden während ihrer Übungen schauen. Während auf dem einen Bildschirm Vorabend-Telenovelas laufen, auf dem nächsten die Börsennachrichten, zeigt der dritte einen französischen Arthouse-Film. Das zusammengewürfelte Ambiente würde in manchem Styleguide der Konkurrenz durchfallen, doch es spiegelt die große soziale Vielfalt, die hier versammelt ist.

So entsteht wie nebenbei Kontakt. Wenn die Rehasport-Gruppe nach dem Training noch plauscht, wenn die Informatiker aus den Start-ups erzählen, bekommt man allein durch das oberflächliche Miteinander ein Gefühl für die verschiedenen Milieus. Der Sport bedeutet dabei für jeden Einzelnen etwas anderes, doch er verbindet die Mitglieder in ihrer Verschiedenheit. Einzige Voraussetzung: der monatliche Mitgliedsbeitrag.

Das generalisierte Vertrauen

Wir haben das Selbstvertrauen, das kleine Wir der Menschen und die wichtigen Brücken vermessen, die Vertrauen entstehen lassen. Wie aber steht es mit dem Vertrauen in die Mitmenschen, dem großen Wir? Dieses generalisierte oder auch interpersonelle Vertrauen wird anhand sehr einfacher Aussagen ermittelt, denen man mehr oder weniger zustimmen kann. »Im Allgemeinen kann man den Menschen vertrauen«, lautet eine. »Die meisten Menschen haben gute Absichten«, eine andere. Oder umgekehrt: »Man kann sich auf niemanden mehr verlassen.«[35] Entsprechende Fragen werden so oder ähnlich seit Jahrzehnten bei internationalen Erhebungen gestellt. Will man wissen, wer mit den »meisten Menschen« gemeint ist, finden sich deutliche kulturelle Unterschiede.[36] Die Menschen in Deutschland verstehen unter den »meisten Menschen« die Gesamtheit der Bevölkerung.

Unsere Daten zeigen: Die Menschen in Deutschland haben ein eher verhaltenes Vertrauen in ihre Mitmenschen. Nur ein schwaches Drittel stimmt eindeutig zu, dass man den Menschen vertrauen kann, die Mehrheit ist unentschieden und formuliert ein Sowohl-als-auch. Umgekehrt kann man allerdings auch sagen: Lediglich 10 Prozent der Befragten äußern ein klares Misstrauen gegenüber ihren Mitmenschen. Insgesamt entsprechen diese Werte in etwa den Vertrauenswerten von 30 bis 40 Prozent, die vergleichbare Umfragen in Deutschland je nach Messmethode feststellen.[37] International liegt das im Mittelfeld.

Wenig überraschend sehen wir auch hier die uns bereits bekannten Muster. So ist das generalisierte Vertrauen bei Menschen mit mittlerer und guter Bildung wesentlich höher als bei Menschen, die als bildungsarm bezeichnet werden. Die Unterschiede sind bemerkenswert. »Man kann sich auf niemanden verlassen«, sagen fast 30 Prozent der Bildungsarmen, aber nur knapp 6 Prozent derjenigen mit einem Hochschulabschluss. Und umgekehrt: »Im Allgemeinen kann man den Menschen vertrauen«, sagen 19 Prozent der Bildungsarmen, aber 40 Prozent jener mit Hochschulabschluss.

Neben den durchgängigen Unterschieden nach Bildung zeigen sich auch solche nach Einkommen und Alter. Ältere Menschen haben ein höheres generalisiertes Vertrauen als jüngere. Und Angehörige der Mittelschicht ein höheres als jene mit mehr oder weniger Geld. Dennoch: Die Bildungseffekte überwiegen bei Weitem. Bildung sichert also nicht nur die gesellschaftliche Teilhabe, sondern auch das allgemeine Vertrauen in die Mitmenschen. Bildungsarmut bedeutet immer auch Vertrauensarmut.

Für den gesellschaftlichen Zusammenhalt ist nichts wichtiger als gegenseitiger Respekt, gegenseitige Achtung und Toleranz. Sie sind die Grundlage dafür, dass sich Menschen als Teil einer Gruppe und im positiven Sinn als Individuen sehen und Anerkennung durch die anderen erfahren.[38] Wie groß hier die Unterschiede sind, zeigen die Reaktionen auf die Aussage: »Die meisten Menschen in meinem Umfeld interessieren mich nicht.« 62 Prozent der Menschen mit einem Hochschulabschluss verneinen das, attestieren sich ein Interesse an anderen; bei den Menschen mit niedriger Bildung sind es gut 20 Prozent weniger. Das gleiche Bild zeigt sich bei den Reaktionen auf die umgekehrte Feststellung: »Die meisten Menschen in meinem Umfeld interessieren sich nicht für mich.« Im Klartext: Bildungsarme sehen sich deutlich stärker ausgegrenzt und grenzen sich ihrerseits stärker aus. Ein Teufelskreis.

Die hier aufs Neue erkennbare Abschottung lässt sich mit vielen weiteren Beispielen verdeutlichen. Die Aussage: »Die Lebenseinstellung vieler Menschen ist mir fremd«, bejaht unter den

Bildungsarmen jeder Dritte, bei den Bildungsreichen nicht einmal jeder Fünfte. Das gilt ebenso für die Aussage: »Ich führe ein anderes Leben als große Teile der Bevölkerung.« Diese Einschätzung mangelnden Kontakts wird schließlich auf die Gesellschaft insgesamt übertragen. »Viele Menschen haben sich nichts mehr zu sagen«, bejaht demnach über die Hälfte der Bildungsarmen, aber nicht einmal ein Drittel derjenigen mit einer guten Bildung. So abgedroschen es mittlerweile klingt, es stimmt leider: Viele Menschen in Deutschland fühlen sich abgehängt. Brücken des Vertrauens stürzen ein.

Wie nun sind Selbstvertrauen, kleines Wir und bürgerschaftliche Einbindung mit dem generalisierten Vertrauen verbunden? Zunächst zum Selbstvertrauen: Dieses hängt eng mit dem generalisierten Vertrauen zusammen. Wer das Gefühl hat, sein Leben selbst zu bestimmen, kann den anderen mehr Vertrauen entgegenbringen. Selbstvertrauen und Vertrauen in andere sind folglich kein Widerspruch. Sie verstärken sich vielmehr gegenseitig. Insbesondere Bildungsarme sind hier also doppelt benachteiligt. Eine der zentralen politischen Aufgaben wird daher sein, Menschen, die mit geringer formaler Ausbildung zurechtkommen müssen, wieder stärker in die Mitte unserer sozialen Kreise zurückzuholen. Sie teilhaben zu lassen und ihnen die Möglichkeit und den Mut zu geben, teilhaben zu können. Und, noch wichtiger, endlich dafür zu sorgen, dass es erst gar nicht zu Bildungsarmut kommt.

Kommen wir zur Zusammensetzung des Freundeskreises, einem kleinen Wir, und dem Vertrauen in die Mitmenschen, dem großen Wir. Hier findet sich ein auf den ersten Blick überraschendes Ergebnis. Homogene Freundeskreise führen nicht zu einem geringeren Vertrauen in die Mitmenschen, sondern erhöhen es sogar leicht. So stimmen Befragte mit heterogenen Freundeskreisen der Aussage, dass die meisten Menschen gute Absichten haben, zu 39 Prozent zu. Bei denjenigen, die einen homogenen Freundeskreis haben, sind es 43 Prozent. Wenn wir über gesellschaftliche Abschottung sprechen, müssen wir deshalb differenzieren: Dass die Menschen in ihrer privaten Welt, in ihren kleinen Wirs relativ homogen leben, ist an sich noch kein Problem. Wir brauchen diesen Ruhepol, einen sozialen Kreis, in dem man Vertrauen überhaupt lernen kann.

Aber damit wird die Frage umso wichtiger, wie die Möglichkeiten jenseits des kleinen Wir verteilt sind, mit anderen Menschen in Kontakt zu kommen. Die Brücken des Vertrauens. Hier zeigt sich zunächst, dass die Häufigkeit von Gesprächen mit Fremden und das generalisierte Vertrauen nicht direkt miteinander verknüpft sind. Zusammenhänge finden wir zwar, wenn es um die Orte des Kontaktes geht. Wer an öffentlichen Orten, bei organisierten Treffen und in der Nachbarschaft mehr Kontakt zu anderen hat, hat auch ein höheres Vertrauen in andere Menschen. Jedoch bleiben diese Zusammenhänge schwach. Der Kontakt selbst bietet also nur die Chance, ins Gespräch zu kommen, die anderen zu registrieren.

Zum Aufbau von Vertrauen braucht es hingegen eine dauerhaftere gesellschaftliche Partizipation. Anders als bei den zufälligen Begegnungen ist hier der Zusammenhang mit dem generalisierten Vertrauen auch statistisch eindeutig. Alle von uns gemessenen Formen der Partizipation, wie Mitgliedschaft in einem Verein oder ein Ehrenamt, sind eng mit dem Vertrauen verknüpft. Wer stärker sozial eingebunden ist, vertraut auch seinen Mitmenschen insgesamt mehr. Bürgerschaftliches Engagement wirkt sich daher messbar auf das Bild aus, das wir von unseren Mitmenschen im Allgemeinen haben. So erklärt sich umgekehrt auch das geringere Vertrauen von Bildungsarmen: Ihnen fehlen allzu oft die Möglichkeiten, in Institutionen der Bildung, des gesellschaftlichen Engagements und der politischen Partizipation Beziehungen aufzubauen, die Vertrauen stiften.

Exkurs: Angst ist nicht gleich Angst [39]

Wie die verschiedenen Arten von Vertrauen miteinander zusammenhängen, können wir mit Blick auf die Gegenseite des Vertrauens weiter ausleuchten: die Angst. Vor einigen Jahren diagnostizierte der Soziologe Heinz Bude eine »Gesellschaft der Angst«.[40] Doch hilft eine derart allgemeine Diagnose weiter? Wir haben Vertrauen als eine Beziehung charakterisiert, die man braucht, um Probleme zu bewältigen. Insofern lassen sich auch Ängste danach unterscheiden, ob sie überwältigend oder bewältigbar scheinen.

In der Vermächtnisstudie fragten wir nach verschiedensten Ängsten.[41] Sie alle wiesen darauf hin, dass es letztlich um die Frage der Kontrolle geht. Kontrollverlust war auch die am weitesten verbreitete Angst. Doch lässt sich Angst nicht messen wie Gewicht und Körpergröße. Aufschlussreich ist deswegen vielmehr, welche Ängste statistisch miteinander zusammenhängen. Und welche Personengruppen welche Ängste mehr oder weniger haben.

Hier zeigten sich vor allem zwei Komplexe. So geben Befragte, die Angst vor Zuwanderung haben, auch häufiger an, Angst vor Krieg, Terroranschlägen in Deutschland, vor Islamisierung, Kriminalität und Gewalt zu haben. Befragte mit diesen Ängsten misstrauen Fremden grundsätzlich stärker. Das Selbstvertrauen ist reduziert. Die Bedrohung wird als extern angesehen. Sie kommt von außen und entzieht sich der eigenen Kontrolle. Die Befragten haben weniger Vertrauen, selbst etwas beeinflussen zu können.

Sie fühlen sich der Situation hilflos ausgeliefert. Fremde auszusperren und zu meiden scheint für sie die einzig wirksame Maßnahme zu sein. Zum Bild passt, dass dies insbesondere Personen mit niedriger Bildung äußern. Ihnen fehlen Vertrauensressourcen, aus denen heraus diese Ängste bewältigbar erscheinen.

Das Bild vervollständigen weitere Zusammenhänge. Befragten mit diesen Ängsten ist ein Wir-Gefühl vergleichsweise wichtig, also die Verbundenheit mit der eigenen sozialen Gruppe, mit der Familie, mit den Freunden, der Heimat. Während sie sich für diese traditionellen Werte zukünftig eine höhere Wichtigkeit wünschen, beobachten sie in der Gesellschaft einen gegenläufigen Trend. Sie erleben eine Entfremdung von der Gesellschaft, was sich in ihren niedrigen Erwartungen an die Zukunft widerspiegelt. Sie glauben weniger daran, durch politisches oder soziales Engagement etwas verändern zu können. Sie sehen die Zukunft pessimistischer und befürchten einen Werteverfall. Gesellschaftliche Veränderungen lehnt diese Gruppe stärker ab. Sie hält Kontakt zu Menschen, die anders sind als sie selbst, für weniger wichtig. Auch halten sie sozial und kulturell durchmischte Wohnviertel für weniger erstrebenswert. Der Rückzug ins kleine Wir, in das Bekannte, das mir Ähnliche, dient dem eigenen Schutz. Es bildet einen Rückzugsort, einen Hort des Kontrollierbaren, des Vertrauten.

Ganz anders sieht das Bild beim zweiten Komplex aus. Er besteht aus der Angst vor Klimakatastrophen, die mit Angst vor Finanzkrisen, Ausländerfeindlichkeit, Massenarbeitslosigkeit und Onlineüberwachung verbunden ist. Diese Ängste stehen für Bedrohungen, denen die Gemeinschaft, der Sozialstaat und die Demokratie ausgesetzt sind. Die Bildung macht hier keinen großen Unterschied. Gemeinsam ist den Befragten jedoch im Gegensatz zu jenen mit den oben genannten Ängsten aus dem ersten Komplex, dass sie höheres Vertrauen in andere Menschen haben. Dies wird von den Sorgen hinsichtlich des Klimawandels nicht beeinträchtigt. Eine Entfremdung von der Gesellschaft ist bei diesem Thema kaum zu erkennen. Die Erwartung der Selbstwirksamkeit bleibt bestehen.

Die Verbindung zu den Einstellungen ist eine grundsätzlich andere als bei den oben erwähnten Ängsten vor Überfremdung, Terror und Gewalt. Insbesondere die Angst vor den Folgen des Klimawandels wirkt offenbar als Antrieb, etwas verändern zu wollen. Was ich selbst mit zu verantworten habe, muss ich auch wieder in Ordnung bringen, scheint das Motto zu sein. Das zeigt sich etwa in stärkerer politischer Partizipation, in bewussterem Konsum von Nahrungsmitteln sowie in größerer Kontaktfreudigkeit gegenüber Menschen, die anders sind als man selbst. Und dieser Befund gilt nicht nur für die Aussagen, die die Befragten über sich selbst machen. Auch der Wunsch, wie es gesellschaftlich insgesamt sein sollte, wird deutlicher formuliert.

Die beiden eben beschriebenen so unterschiedlichen Muster hängen eng mit den jeweiligen Themen zusammen. Migration, Terror und Gewalt stehen für einen Komplex von Ängsten, den der amerikanische Medienpsychologe George Gerbner unter dem Begriff der »gemeinen Welt« zusammenfasste.[42] Die Welt wird durch diese Ängste als bedrohlich empfunden, man selbst erfährt sich als machtlos, als Opfer der Umstände. Weil das Vertrauen insgesamt fehlt, sind die politischen Antworten darauf eher abwehrend als gestaltend.

Im zweiten Komplex haben wir es weniger mit Angst im engeren Sinne zu tun als vielmehr mit Furcht. Hier ist die Gefühlslage weniger verschwommen, sondern auf konkrete Bedrohungen bezogen. Das bedeutet auch, dass ihre Bewältigung klarer zu fassen ist, ja überhaupt möglich erscheint. Dies betonen vor allem Menschen, die in der Lage sind, Probleme zu lösen, und Vertrauen in ihre Mitmenschen haben. Anders als bei der Angst besteht hier also die Möglichkeit, die Befürchtungen politisch aufzugreifen und die Handlungsfähigkeit, die die Menschen im Kleinen sehen, ins Große zu übertragen.

Die Vertrauensfrage

Damit sind wir bei dem, was wir der Diskussion um Vertrauen hinzufügen wollen. Bisher haben wir uns auf den verschiedenen Ebenen des Selbstvertrauens, des kleinen Wir und der institutionellen Brücken angeschaut, wie die Menschen in Vertrauensnetze eingebunden sind. Am generalisierten Vertrauen haben wir gesehen, inwiefern sich dieses auch in allgemeine Erwartungen an die Mitmenschen übersetzt. Um unsere Gesellschaft charakterisieren zu können, werden wir dieses Bild nun mit den politischen Themen zusammenführen, die unser Zusammenleben prägen. Wir schauen uns nicht mehr nur an, was die Befragten im Allgemeinen von ihren Mitmenschen halten, ob sie ihnen Vertrauen schenken. Sondern wie sie die anderen im Hinblick auf bestimmte Einstellungen und Verhaltensweisen einschätzen. Wir erheben dafür zunächst die Einstellungen, die die Menschen selbst in vielen ganz unterschiedlichen Lebensbereichen haben. Dann fragen wir die Menschen, welche Einstellungen die anderen Menschen in Deutschland ihres Erachtens jeweils haben.

Uns interessiert dabei vor allem, in welchen Bereichen Gemeinsamkeiten oder Unterschiede auftauchen zwischen dem, was den Menschen selbst wichtig ist, und dem, was sie bei anderen als wichtig vermuten. Wir sprechen im Folgenden von den Unterschieden zwischen der eigenen Beurteilung und dem Bild, das man von der Gesellschaft hat. Stark abweichende Antworten sind Ausdruck einer gewissen Irritation. Etwas stimmt nicht, sollte anders sein, zumindest möchte man selbst es anders haben. Auf die eigenen Werte und Normen möchte man sich schließlich verlassen, ihrer Gültigkeit vertrauen können. Nun aber meint man wahrzunehmen, dass die anderen etwas hinterfragen, was für einen selbst nicht zu hinterfragen ist. Diesen Unterschied zwischen Selbstbeurteilung und Gesellschaftsbild definieren wir als Vertrauensfrage.

An dieser Stelle ist festzuhalten, dass wir nicht unterschiedliche Wertvorstellungen als solche messen. Dies lässt sich am besten an einem Beispiel erläutern. Das Wir-Gefühl ist den Menschen eines der wichtigsten Güter. Allen Menschen. Technisch gesprochen, haben wir es hier mit einer durchgängig hohen Zustimmung zu tun, die individuellen Antworten unterscheiden sich kaum. Das Wir-Gefühl ist demnach eine starke Norm. Normen geben Sicherheit, schaffen Vertrauen. Sie sind ein gemeinsam getragener Wert, auf den man sich verlassen kann. Man bewegt sich in der Welt und weiß, dass alle anderen diesen Wert ebenfalls teilen.

Zumindest sollte man das meinen. Die Daten zeigen: Diese Annahme ist häufig falsch. Was die Menschen individuell über sich sagen – im Falle des Wir-Gefühls jeder und jede das Gleiche –, muss längst nicht bedeuten, dass man dies auch von- und übereinander sagt. Konkret: Fast 80 Prozent unserer Befragten ist es persönlich sehr wichtig, ein Wir-Gefühl zu haben, aber nur 29 Prozent glauben, dass dasselbe auch für ihre Mitmenschen gilt. Sie selbst also schätzen das Wir-Gefühl, die anderen dagegen angeblich nicht. Deutschland, ein Land des Wir, sieht sich selbst als Land der Ichlinge.

Nun mag man einwenden, dass der Unterschied zwischen

Selbstbeurteilung und Gesellschaftsbild auch ganz anders zu erklären ist. Etwa damit, dass die Menschen immer einen Drang dazu haben, sich als einzigartig, als etwas Besonderes oder Besseres darzustellen. Dem stellen wir empirisch entgegen, dass sich Unterschiede zwischen dem, was die Menschen über sich selbst sagen, und dem, wie sie die Gesellschaft insgesamt einschätzen, keineswegs durchgängig zeigen. Bei einigen Themen sind Selbstbeurteilung und Gesellschaftsbild im Einklang, bei anderen nicht.

In welchen Bereichen sich Vertrauensfragen auftun – Selbstbeurteilung und Gesellschaftsbild also markant voneinander abweichen –, werden wir nun genauer untersuchen. Dabei gehen wir davon aus, dass jede Vertrauensfrage gesellschaftliche Ursachen hat und damit von hoher gesellschaftlicher Bedeutung ist. Denn erst gesellschaftliche Transformationsprozesse führen dazu, dass es überhaupt zu solchen Unterschieden zwischen Eigen- und Fremdwahrnehmung kommt. Die Menschen spüren Veränderungen, oft medial gehypt, und nehmen diese dann auch an ihren Mitmenschen wahr, ähnlich einer sich selbst erfüllenden Prophezeiung. Dieser Prozess setzt sich aus den kleinsten Hinweisen zusammen – aus unscheinbaren Beobachtungen im Alltag, aus Geschichten, die man im Familien- und Freundeskreis aufschnappt, und schließlich aus Berichten in Massenmedien sowie aus all dem, was man online lesen, sehen, hören kann. Die Veränderungen selbst müssen dabei weder gut noch schlecht sein. Sie zeigen zunächst nur: Etwas anderes ist im Entstehen. Um nicht bloß auf sie zu reagieren, sondern sie zu nutzen und zu gestalten, braucht es Vertrauen.

In vier Bereichen finden sich große Unterschiede zwischen der Selbstwahrnehmung und dem Gesellschaftsbild: Familie, Erwerbstätigkeit, Fortschritt und gesellschaftliche Solidarität. Doch das Bild ist komplexer. Denn innerhalb der vier Bereiche stehen einige zentrale Werte felsenfest, während andere ins Wanken geraten. Von einem durchgängigen Vertrauensverlust kann jedenfalls nicht die Rede sein. Wir haben es mit Kombinationen von hohem und geringem Vertrauen zu tun, die sich zu bestimmten Problemlagen verbinden.

Familie

Blicken wir zunächst auf die persönlichsten unserer Fragen, auf das Thema Familie und Kinder. Im inneren Kern des kleinen Wir ist der Wert der Fürsorge ungebrochen. Alle halten ihn für sehr wichtig. Mit großer Selbstverständlichkeit kümmert und sorgt man sich umeinander, auch wenn man selbst zurückstecken muss. Besonders deutlich wird das an der von uns nachgefragten Bereitschaft, für Kinder Opfer zu bringen, sich in wichtigen Lebenssituationen also zugunsten des Kindes und gegen ein Jobangebot oder gegen einen Umzug zu entscheiden. Alle Befragten stimmen hier zu. Und alle sagen das auch übereinander. Hat man Kinder, sorgt man für sie und macht Zugeständnisse. Alternativen gibt es nicht. Selbst die in der Vermächtnisstudie von 2015[43] noch sichtbaren Unterschiede zwischen Müttern und Vätern sind inzwischen verschwunden. Eine starke Norm wurde so zu einer egalitären Norm und dadurch weiter gestärkt.

Wir haben viele Fragen zur Familie gestellt. Bleibt man den Kindern zuliebe auch in einer Partnerschaft, die sich überlebt hat? Macht man Lebensentscheidungen vom Elternhaus abhängig? Teilt man Hausarbeit partnerschaftlich auf? Hier zeigen sich deutlich mehr Unterschiede, wenn die Menschen über ihr eigenes Leben sprechen. Unterschiede zwischen den eigenen Ansichten und dem jeweiligen Gesellschaftsbild finden sich aber nicht.

Grundsätzliche Vertrauensfragen bleiben aus. Es gibt also nicht den einen »richtigen« Weg. Oder anders: Alle haben das Vertrauen, dass es letztlich individuelle Entscheidungen sind, die sie mit sich, nicht mit der Öffentlichkeit ausmachen (müssen).

Völlig anders verhält es sich dagegen bei einem Thema, das allen wichtig ist: der Kinderwunsch. Über 80 Prozent der Befragten wünschen sich Kinder. Auch dies ist demnach eine sehr starke Norm. Doch während es selbstverständlich ist, sich für Kinder zurückzunehmen, hat die Familiengründung selbst ihre Selbstverständlichkeit verloren. Gefragt, ob sich die anderen Menschen Kinder wünschen, fällt die Zustimmung auf 35 Prozent.

Auf der einen Seite steht hier also ein großes Vertrauen in die persönliche Rücksicht, die in der Gesellschaft auf Kinder genommen wird. Nicht nur sagen die Befragten, wie wichtig es ist, für Kinder zu sorgen und selbst Zugeständnisse zu machen, für die eigenen Kinder da zu sein, wann immer nötig. Sie sehen dies auch bei ihren Mitmenschen verwirklicht. Kinder zu bekommen erscheint im Umkehrschluss daher als große Herausforderung, als etwas, das man leisten können muss, will man die hohen Ansprüche erfüllen.

Dies erklärt auf der anderen Seite, weshalb auch der Kinderwunsch zwar derart selbstverständlich ist, wenn die Befragten über sich sprechen. Wenn sie aber über ihre Mitmenschen nachdenken, sehen sie diese Selbstverständlichkeit nicht. Der hohe, nicht verhandelbare Anspruch an die Erziehung macht die Familiengründung in der gesellschaftlichen Wahrnehmung zur Grundsatzentscheidung. Die sich daraus ergebende Deutung: Wer kinderlos ist, hat diese Entscheidung individuell getroffen, möchte keine Kinder.

Hinter dieser verkürzten Wahrnehmung steckt das grundsätzliche Dilemma, das heute institutionell gegeben ist. Einerseits bestehen hohe Erwartungen an die Erwerbstätigkeit. Erfolg im Beruf ist nach wie vor mit einer Vollzeittätigkeit verbunden. Andererseits werden hohe Erwartungen an die Familie gestellt. Und auch diese sind mit einem enormen zeitlichen Aufwand verbunden. Die Verbindung von Karriere und Kind bleibt also selbst bei guter Unterstützung, sei es durch Kindergarten oder Familie, prekär. Um die hohen Ansprüche an Familie und Arbeit zu erfüllen, bestehen die hartnäckigen Unterschiede zwischen Frauen und Männern bei der Kindererziehung weiter fort, auch wenn sich Letztere immer mehr zur eigenen Verantwortung bekennen. Und wie Arbeiten zu diesem Thema zeigen, erscheinen die strukturellen Gegebenheiten dann oft genug als individuelle Entscheidungen. Die Vertrauensfrage weist hier auf die Institutionen hin, die das Familienleben in unserer Gesellschaft bestimmen: Unter welchen Umständen kann man wirklich darauf vertrauen, dass die Entscheidungen für Karriere oder eben für Familie auf individueller Handlungsfähigkeit beruhen? Und wie stellen wir sicher, dass diese auch zwischen Frauen und Männern gleich verteilt sind?

Arbeit

Damit sind wir beim zweiten Thema, der Erwerbsarbeit. Hier zeigt sich ebenfalls ein hohes Vertrauen in die Gültigkeit von Lebensorientierungen, aber auch ein Vertrauensverlust, der politisches Handeln erfordert. Der Stellenwert der eigenen Erwerbsarbeit ist ungebrochen. Erwerbsarbeit ist die »Königin der Werte«. Folgt man den Angaben der Befragten, ist nichts wichtiger als sie – weder die Familie noch das Wir noch die Heimat noch die Umwelt. Und das Gesellschaftsbild der Befragten besagt: Den anderen ist Arbeit ebenso wichtig wie ihnen selbst. Wir sehen hier also keinen Vertrauensverlust. Die Wichtigkeit von Arbeit ist verbindlich. Wer nicht (mehr) arbeitet, weiß, dass er von draußen zuschaut.

Die Sozialpolitik hat die Stellung der Erwerbsarbeit noch verstärkt, ein Leben ohne Erwerbsarbeit soll es nicht mehr geben. Das geänderte Unterhaltsrecht hat das Seine getan. Nicht das Teilen von bezahlter und unbezahlter Arbeit ist angesagt, nicht die Zuarbeit, sondern die eigenständige Sicherung der Frauen. Dennoch darf man Erwerbsarbeit nicht auf ihren materiellen Wert verkürzen. Sie steht für sehr viel mehr.

So haben wir gezeigt, dass der Arbeitsplatz ein Ort ist, an dem man auf Fremde trifft, ein Ort der Begegnung. Wir wissen, dass Erwerbsarbeit einen Platz jenseits der eigenen vier Wände bietet, auch das ist vielen wichtig. Für viele ist er darüber hinaus Ort der Selbstentfaltung und der Anerkennung. Deutlich wird das bei der Frage, ob man auch dann arbeiten würde, wenn man nicht auf das Einkommen angewiesen wäre. 44 Prozent der Befragten stimmen ausdrücklich zu. 40 Prozent antworten unentschieden. Nur 17 Prozent lehnen klar ab. Dabei fällt auf, dass Menschen mit hoher Bildung im Vergleich zu Bildungsarmen viel eher auch dann erwerbstätig sein möchten, wenn sie das Geld nicht bräuchten.

Die Beurteilung anderer Menschen fällt in diesem Punkt dagegen bei allen kritisch aus. Den Mitmenschen wird deutlich weniger zugestanden, in der Arbeit mehr zu sehen als den Gelderwerb. Nur 19 Prozent glauben, dass die Menschen in Deutschland auch dann arbeiten würden, wenn sie das Geld nicht bräuchten. Auffällig ist hier abermals die Rolle der Bildung. Menschen mit guter Bildung gehen viel eher als Bildungsarme davon aus, dass andere Menschen auch dann erwerbstätig wären, wenn sie das Geld nicht bräuchten. Sie übertragen die positiven Erfahrungen guter Arbeit offenbar auf andere und vernachlässigen dabei, dass diese möglicherweise Arbeiten zu verrichten haben, die ihnen nicht diese Erfüllung bieten, und das, ohne eine Alternative zu haben. Menschen mit geringerer Bildung ist diese Realität klar, weshalb sie stärker davon ausgehen, dass andere vor allem wegen des Geldes arbeiten.

In der Frage nach dem Eigenwert der Arbeit werden so zwei Kriterien der Arbeitsmoral verhandelt, nämlich die Leistung und der Wert guter Arbeit. Die Leistungsgesellschaft als Ordnung besitzt zwar nach wie vor Gültigkeit. Für sich selbst pochen aber immer mehr Menschen darauf, dass es bei ihrer Arbeit um etwas anderes geht als um Leistung und Gegenleistung. Etwas, das man nicht (nur) für Geld macht. Bei ihrer Arbeit geht es vielmehr um etwas, das man auch wirklich machen möchte. Für die anderen scheint dagegen das Leistungsprinzip vorzuherrschen.

So spiegelt sich in den Ergebnissen auch die Debatte um das bedingungslose Grundeinkommen. Oft hört man genau dies: Ich selbst arbeite ja nicht allein für das Geld, die anderen aber schon. Mit mir wäre also ein bedingungsloses Grundeinkommen zu machen – aber auch mit den anderen? Eine typische Vertrauensfrage. Hier sind zunächst die Ergebnisse anzuerkennen: Arbeit ist den Menschen sehr wichtig, gute Arbeit ebenso. Wenn die institutionellen Bedingungen diese gute Arbeit aber erschweren, glaubt man von den wenigsten, dass sie ihnen ebenso wichtig sein kann. Es fehlt folglich an einer Verständigung über den Eigenwert der Arbeit. Und an einer Politik, die über die Arbeit als reinen Einkommenserwerb hinausdenkt. Dieses Weiterdenken der Arbeit bleibt dabei eine soziale Frage: Ein Drittel der Menschen in Deutschland lebt nach unseren Daten ohne finanzielles Polster, was ihre Suche nach einer solch sinnstiftenden Arbeit erschwert.

Fortschritt

Oft ist von den satten, ja bräsigen Deutschen die Rede. Der Wohlstand habe ihnen frühere Tugenden genommen: die Zielstrebigkeit, die Lust auf Neues, den Willen zur Innovation. Die Bewahrung des Status quo, heißt es, komme den Menschen in Deutschland also gerade recht. Entsprechend, so viele Kommentatoren, setzen sich die Menschen nicht proaktiv für sozialen Fortschritt, für eine neue gesellschaftspolitische Vision ein.

Diese Gesellschaftsdiagnose wird durch unsere Daten zunächst breit gestützt. In welche Richtung man auch fragt, ob nach der Wichtigkeit, Neues beginnen zu wollen, neue Technik zu verstehen, sich mehr für die Umwelt einzusetzen oder gut informiert zu sein – die Menschen in Deutschland zeigen sich in ihren Antworten zurückhaltend. Sie »brennen« nicht für diese Themen, scheinen wenig ambitioniert. Die Klarheit einer sehr deutlichen Zustimmung, wie wir sie bei der Familie oder der Erwerbsarbeit gesehen haben, fehlt hier völlig.

Dennoch treffen diese Gesellschaftsbilder nicht den Kern. Die guten alten Werte der Menschen in Deutschland, dem Land der Erfinder, Tüftler, Ingenieure, sind durchaus noch präsent. Und das nicht als bloße Erinnerung an eine Zeit, die wir hinter uns gelassen haben. Nein, als etwas, das wir alle in Zukunft anstreben sollten. Dies erkennen wir deutlich an dem, was die Menschen als ihr Vermächtnis sehen wollen. Gefragt nach dem Umgang mit Neuem, gleich in welchem Bereich, zeigen sich die Menschen unzufrieden mit sich selbst, äußern Selbstkritik und mangelnde Selbstwirksamkeit. Sie würden gerne Neues beginnen, neue Technik verstehen, besser informiert sein, sich mehr für die Umwelt einsetzen. Sie wollen all das, scheinen es aber nicht zu können.

Betrachtet man das Verhältnis zwischen der Selbstbeurteilung der Menschen und ihrem Gesellschaftsbild in diesem Bereich, so zeigt sich fast durchgängig ein Muster der Enttäuschung und der mangelnden Unterstützung. Versteht man unter Vertrauen auch das Vertrauen darauf, unterstützt und motiviert zu werden, so wird es hier verletzt. Ist man schon mit dem eigenen Einsatz für neue Entwicklungen unzufrieden, so kommt noch der Eindruck hinzu, die anderen Menschen würden erst recht nicht weiterhelfen. Ja, sie hinken sogar hinterher. Impulse gehen von ihnen nicht aus. Es ist ihnen weniger wichtig, etwas Neues zu beginnen, informiert zu sein, die neue Technik zu verstehen, auf die Umwelt zu achten. Andere Menschen spenden keine Kraft, die helfen könnte, die eigenen Ziele besser umzusetzen. Es ist aber auch nicht so, dass die Mitmenschen in eine entschieden andere Richtung gehen. Sie bleiben noch mehr im Vagen und Unbestimmten als man selbst.

Dabei gibt es eine gewichtige Ausnahme. Sie betrifft Fragen zur Schnittstelle von Mensch und Technik. Möchte man auf lebensverlängernde Technik setzen, sich Hightech-Untersuchungen unterziehen, um Erkrankungsrisiken zu erfahren, und Kinder möglichst früh an das Internet heranführen? Auch hier zeigen sich die Befragten zwar zurückhaltend. Die anderen Menschen sehen sie jedoch bereits dort angekommen, wohin sie sich selbst entwickeln wollen. Man wünscht sich also selbst etwa eine größere Offenheit für lebensverlängernde Maßnahmen, eine Offenheit, die die anderen bereits haben. Man möchte die modernen Möglichkeiten der Risikobestimmung etwas stärker akzeptieren, so wie die anderen es schon tun.

Nur bei der Frage nach Kindern und Internet bleibt man entschlossen bei der eigenen Meinung. Man lehnt eine frühe Interneterziehung im Vergleich zu anderen eher ab. Was die

Unterschiede zwischen den Gruppen angeht, so ergibt sich ein deutliches Bild. Der Abstand, den man zwischen sich selbst und den anderen sieht, ist bei den Jüngeren auffällig größer als bei den Älteren. Junge Menschen, die mit der digitalen Welt aufgewachsen sind, äußern sich deutlich kritischer gegenüber der digitalen Technik, wenn es um die Kindererziehung geht. Die Gesellschaft erscheint ihnen bei diesem Thema geradezu leichtsinnig.[44]

Dieses Ergebnis mag auch erklären, warum die Vertrauensfrage beim Thema Mensch und Technik so anders aussieht als bei anderen Themen des Fortschritts. Der Gewinn an Handlungsmacht, den uns Technik im Alltag gibt, ist sehr plastisch. Medizintechnik beispielsweise verbessert und verlängert unser Leben. Das wissen die Befragten und relativieren deshalb eigene moralische Vorbehalte. Dass die Gesellschaft in eine Richtung geht, in der Technik eine immer wichtigere Rolle im Alltag spielt, befürworten sie also. Bei digitaler Kommunikation ist der Gewinn an Möglichkeiten hingegen zwiespältiger. Ja, das Internet hat uns Welten eröffnet, die noch vor wenigen Jahrzehnten Science-Fiction waren. Doch sind die Risiken inzwischen sichtbarer. Das Internet kann abhängig machen, entfremden, Streit fördern. Weil diesen Widerspruch jüngere Menschen, die mehr Erfahrungen mit dieser Technik gemacht haben, deutlicher sehen, blicken sie skeptischer auf die Gesellschaft.

Die Menschen in Deutschland sind also durchaus offen für Neues, ja sie suchen das Neue sogar aktiv. In den meisten Fällen bringen sie aber nicht die Kraft auf, sich selbst aus der bestehenden Situation zu befreien, und die anderen scheinen es erst recht nicht zu schaffen. Man wartet auf Hilfe von außen, auf eine Richtung, eine Vision. Bei dem Themenkomplex Mensch-Technik ist das anders. Hier herrscht der Eindruck vor, dass die anderen

Menschen vorangehen, testen, prüfen und Orientierung geben. Man kann folgen. Man vertraut.

Solidarität

Die Bundesrepublik ist traditionell ein konservativer Sozialstaat. So bezeichnet der dänische Politikwissenschaftler und Soziologe Gøsta Esping-Andersen Staaten, die auf einer Marktwirtschaft und auf Erwerbstätigkeit beruhen, Menschen aber auch in den Wechselfällen des Lebens absichern, bei Arbeitslosigkeit, Krankheit, im Alter.[45] Sie tun das primär über das Versicherungsprinzip, die staatliche Fürsorge bleibt dagegen vergleichsweise wenig ausgebaut. Status- und Gruppenunterschiede bestehen damit meist ein Leben lang. In diesen Ländern wird die Kinderbetreuung als Aufgabe der Familie betrachtet, und entsprechend wird mit den staatlichen Leistungen ein traditionelles Familienbild gefördert. Die Situation in der DDR war anders. Die Bedeutung der Familie wurde relativiert, und viele ihrer Versorgungsleistungen wurden auf den Staat übertragen. Die Kindererziehung lastete damit weniger auf der Familie, Frauen waren überwiegend berufstätig und daher finanziell unabhängiger.

Seit der Wiedervereinigung hat sich das Modell in den beiden ehemaligen deutschen Staaten verschoben. Im Westen Deutschlands werden Elemente eines sozialdemokratischen Wohlfahrtsstaates sichtbar, ein weiteres Staatsmodell nach Esping-Andersen. Die Kinderbetreuung für alle wurde gesetzlich festgeschrieben, die Frauenerwerbstätigkeit massiv unterstützt, ja gefordert, wie die Änderung des Unterhaltsrechts trefflich zeigt. Die meisten Elemente des konservativen Sozialstaats bleiben dennoch bestehen, so die Mitversicherung von Frauen, das Steuersplitting. Das Fürsorgesystem, welches bedingungslos allen Bürgerinnen und Bürgern eines Landes bestimmte Leistungen zusprechen würde, ist wenig ausgebaut.

Vor diesem Hintergrund haben wir den Menschen mehrere Fragen zur sozialen Ungleichheit gestellt, zu ihrem Empfinden von (Un-)Gerechtigkeit, zu ihren Einstellungen zur solidarischen Umverteilung. Die Antworten zeigen, dass der deutsche Sozialstaat auf breite Zustimmung stößt, über alle Schichten hinweg. Unbestrittene Grundlage ist dabei wieder die Leistungsgesellschaft.

Einige Aussagen mögen das weiter unterstützen. Nimmt man starke und moderate Zustimmung der Befragten zusammen, so ist die Ungleichheit in Deutschland so lange unproblematisch, wie man »von der eigenen Arbeit leben kann« (93 Prozent), »alle die gleiche Chance haben, reich zu werden« (85 Prozent), und »der Mindestlebensstandard gewährleistet wird« (86 Prozent). Unter diesen Umständen ist »es gerecht, dass man das, was man durch Arbeit verdient hat, behält, auch wenn das heißt, dass einige reicher sind als andere« (97 Prozent).[46] Hier und da gibt es leichte Unterschiede zwischen den Gruppen, sie bleiben aber zu unerheblich, um hier weiter ausgeführt zu werden. Allein bildungsarme Menschen setzen einen deutlichen Gegenpunkt. So stimmen sie zwar den Grundprämissen des deutschen Sozialstaats zu, sehen diese aber verletzt: In ihren Augen geben sie viel mehr, als sie zurückbekommen. Auch hier wird eine Vertrauensfrage gestellt.

Das Vertrauen in den Sozialstaat und damit in die Legitimation von sozialer Ungleichheit franst an zwei anderen Stellen sichtbar aus, nämlich bei der Finanzierung der Krankenversicherung und dem Wert der Gesundheit. Die Krankenversicherung verspricht – ganz im Gegensatz zu der Arbeitslosen- oder Rentenversicherung – gleiche Leistungen trotz einkommensabhängiger und damit ungleicher Beiträge. Die medizinische Versorgung soll für alle gleich sein und eben nicht vom Geldbeutel bestimmt werden. Auch wenn dieses Prinzip durch das Nebeneinander von gesetzlichen und privaten Krankenkassen verletzt ist, pochen die Menschen bei der Behandlung von Kranken auf Solidarität.

Nun aber sieht man sich gezwungen, eben doch mehr zu bezahlen, das solidarische Prinzip gegen den eigenen Willen zu verletzen. Bei der Frage: »Wie sehr gilt für Sie, dass Sie für eine bessere medizinische Behandlung auch mehr bezahlen würden?«, sagt gut die Hälfte, dass es für sie ausgesprochen gilt. Doch nur ein Viertel sagt, dass das auch in Zukunft so sein sollte. Wieder zeigt sich mangelnde Selbstwirksamkeit, Solidarität schafft man nicht allein in einem System, das selbst nur bedingt solidarisch funktioniert. Unterschiede zwischen der Selbstbeurteilung und der Wahrnehmung anderer lassen sich dagegen nicht feststellen. Die meisten handeln gegen ihren Wunsch, wenn sie sich mit privaten Zusatzbeiträgen eine bessere Gesundheitsversorgung verschaffen, und sehen sich in dieser Wahrnehmung im Einklang mit der Gesellschaft. Besonders stark zeigt sich dies bei höher Gebildeten.

Die Vertrauensfrage wird bei einem anderen grundlegenden Wert dagegen sehr deutlich sichtbar: der Wichtigkeit, auf die eigene Gesundheit zu achten. Beruhen die meisten Sozialleistungen auf dem Vertrauen, dass alle einer Erwerbstätigkeit nachgehen und die entsprechenden Sozialabgaben zahlen, folgen die Leistungen der Krankenversicherung zusätzlich dem Gebot, wonach jede und jeder sich selbst bestmöglich um die eigene Gesundheit kümmern soll. Fahrlässigkeit darf nicht auf Kosten der Versicherungsgemeinschaft gehen. Unsere Daten zeigen, dass die Menschen in Deutschland dieses Gebot ernst nehmen. Fast alle geben an, auf ihre Gesundheit sehr zu achten, die Zustimmung liegt bei 79 Prozent. Gefragt nach den anderen, findet sich dagegen viel Misstrauen, die Zustimmung sackt auf 41 Prozent.

In Bezug auf die Erwerbstätigkeit zeigen sich diese Bruchlinien deutlicher. Der Aussage: »Arbeitgeber sollten über den Gesundheitszustand der Beschäftigten informiert sein«, stimmen immerhin 15 Prozent der Befragten zu, 28 Prozent sind unentschieden. 57 Prozent lehnen das ab und antworten im Sinne des Rechtsstaates, der bei Krankheiten keine prinzipielle Auskunftspflicht der Arbeitnehmer gegenüber dem Arbeitgeber vorsieht. Fast identisch sind die Zahlen bei der Frage, ob Krankenkassen ihre Beitragshöhe am Gesundheitszustand der Versicherten orientieren sollten. 64 Prozent lehnen das ab. In beiden Fällen finden wir also noch Mehrheiten gegen eine Durchleuchtung und Individualisierung durch Erhebung von Gesundheitsdaten. Die Mehrheiten sind allerdings nicht überwältigend.

Auch hier lässt sich die Frage nach gesellschaftlicher Solidarität besser verstehen, wenn man sie als Vertrauensfrage betrachtet. Denn im Kern beruht Solidarität auf dieser Entscheidung, seinen Mitmenschen zu vertrauen: Man vertraut darauf, dass diese sich nicht auf eine Weise verhalten, die das solidarische Gemeinwesen – und damit auch einen selbst – schädigen. Und man gesteht ihnen doch gleichzeitig die Freiheit ihres Handelns zu. Ein denkbar schwieriger Akt, da man nur die wenigsten Menschen wirklich kennt. Die Digitalisierung und mit ihr die bessere Aufzeichnung individueller Entscheidungen dürfte diesbezüglich zu einer gewissen Radikalisierung des Prinzips von Geben und Nehmen führen. Wer Unterstützung erwartet, wird immer genauer nachweisen müssen, dass diese auch gerechtfertigt ist. Eine Dynamik, auf der kein Vertrauen aufgebaut werden und keine Solidarität wachsen kann.

3 DIE AUFGABE: EINE POLITIK DES VERTRAUENS

Die Menschen in Deutschland machen einander klein. Nicht durchgängig, aber in einigen zentralen Bereichen des Lebens. Wenn es um die Wertigkeit von Familie und Erwerbsarbeit geht, die Offenheit für Innovationen und die Bereitschaft zu solidarischem Handeln, trauen sie ihren Mitmenschen jedenfalls nicht sonderlich viel zu. Sie werfen sich gegenseitig vor, mutlos und phlegmatisch zu sein, unfähig, ja unwillig, das Leben aktiv zu gestalten. Und die Politik, die Medien, die Wirtschaft sowie viele düstere Stimmen aus der Wissenschaft stoßen ins gleiche Horn.

Die Ergebnisse der Vermächtnisstudie zeichnen da ein wesentlich positiveres Bild: So gespalten, so mutlos, so fortschrittsfeindlich sind die Menschen in Deutschland gar nicht. In ihren Einstellungen ähneln die Menschen einander mehr, als sie selbst denken. Wie aber kann es dann zu solch verzerrten Wahrnehmungen kommen? Unsere Antwort: Es fehlt an Vertrauen. Diese Leerstelle zeigt sich in Form von Unwissen, Ignoranz und Stereotypen, sie führt zu verzerrten Bildern und zu kollektiv hängenden Schultern. Ursachen für das fehlende Vertrauen sind soziale Ungleichheiten in ihren vielfältigen Formen, die Erosion von Mindeststandards gesellschaftlicher Teilhabe, brüchige Brücken zwischen den Lebenswelten der Menschen und eine desolate Politik minimaler Interventionen, die weder ein klares

Ziel haben noch den Weg dahin ausleuchten und daher das große Ganze nicht voranbringen können.

In diesem abschließenden Kapitel geht es nun darum, Ansatzpunkte für eine Politik des Vertrauens zu identifizieren. Wir brauchen diese Politik des Vertrauens, um die Grundlagen des demokratischen Zusammenlebens unserer Gesellschaft für die Zukunft zu sichern und auszubauen. Ihre Dringlichkeit ergibt sich aus einem Prozess, den der französische Historiker und Politikwissenschaftler Pierre Rosanvallon schon vor Jahren beschrieben hat. Die Ursache der Krise der Demokratie sieht er in einer widersprüchlichen Bewegung: Die »*politische* Bürgerschaft« werde immer vielseitiger und machtvoller. Auch wir haben gezeigt, dass sich politisches Engagement heute längst nicht mehr darauf beschränkt, alle paar Jahre seine Stimme abzugeben.

Doch gleichzeitig erfassen diese vielseitigen neuen Partizipationsformen nicht die Gesellschaft als Ganzes, sondern nur bestimmte Gruppen. Die »*soziale* Bürgerschaft«, wie Rosanvallon sie nennt, schwindet dahin und zerbricht.[47] Dieses Problem haben wir auf allen Ebenen des Vertrauens identifiziert. Wer etwa von Armut in ihren vielen Formen betroffen ist, wird von wesentlichen Chancen der Gestaltung des eigenen wie des gesellschaftlichen Lebens ausgeschlossen. Das Ergebnis ist Vertrauensarmut.

Das Schwinden der sozialen Bürgerschaft ist ein Zeichen unserer Zeit. Und so sehen die Menschen große Unterschiede in den Einstellungen zwischen sich und den anderen, Unterschiede, die unseren Daten zufolge in diesem Ausmaß gar nicht existieren. Vertrauen ist auf die eigenen Fähigkeiten und die Geborgenheit des kleinen Wir von Familie und Freunden beschränkt. Das, was die kleinen Wirs über viele Brücken miteinander verbindet, das große Wir, ist dabei auf der Strecke geblieben. Dafür steht, so Rosanvallon, die wachsende »Kluft zwischen dem Voranschreiten der Demokratie als System und dem Rückgang der Demokratie als Gesellschaftsform«.[48]

Wir brauchen eine Politik des Vertrauens, eine Stärkung der Demokratie als Gesellschaftsform. Nur so können wir die Herausforderungen der Zukunft meistern. Denn bei vielen Zukunftsfragen wissen wir längst, was zu tun wäre. Es fehlt aber das Vertrauen, das man in sich, in die anderen und in die Gesellschaft als Ganzes hat.

Vertrauen setzt Selbstvertrauen und die Einbettung in ein starkes Wir voraus. Es braucht die Gewissheit, auf Reziprozität setzen zu können, im Kleinen wie im Großen. Menschen sind, wie die Forschung zu diesem Thema gezeigt hat, weder vollkommen egoistisch noch vollkommen altruistisch. In Beziehungen von Geben und Nehmen sind sie jedoch immer eingebunden, und sie streben nach Ausgewogenheit, eben nach Reziprozität. Wiederholt haben wir gezeigt, dass Bildung der Schlüssel zu mehr Vertrauen in sich selbst und in die anderen ist, insbesondere eine breite Grundbildung. Bildungsarmut untergräbt und zerstört Vertrauen. Bildung zu stärken heißt, ein Stück Vertrauen zu schaffen.[49] Dies gilt auch für die Chancengerechtigkeit im Allgemeinen. Werden bestimmte Mindeststandards hinterfragt und unterhöhlt, entsteht eine zu hohe Spreizung in Einkommen, Vermögen und Lebenschancen, es entwickeln sich Kränkungen, und das Vertrauen in die Demokratie und damit in die anderen Menschen erodiert. Die Verteilungsfrage ist auch eine Vertrauensfrage.

Vertrauen ist aber auch auf eine soziale Infrastruktur angewiesen, auf Brücken zwischen den Menschen, auf Möglichkeiten zum Kontakt mit anderen. Diese zu bauen und zu einem festen Fundament unseres Zusammenlebens zu machen, ist ein weiteres Element einer Politik des Vertrauens. Es gilt, entschlossen einer Entwicklung entgegenzusteuern, die seit Jahrzehnten ungebremst im Gange ist. Sie betrifft die Organisation unseres Zusammenlebens, das sich immer mehr nach der Ähnlichkeit der Gruppenmitglieder ordnet.

Wir erleben Ungleichheit immer weniger als Konflikt, in dem die Ungleichen aufeinanderprallen. Mehr und mehr schotten sich Gleiche unter Gleichen ab und schalten so den direkten Konflikt aus, weil jeglicher Kontakt ausbleibt. Dadurch entstehen verschiedene Normalitäten. Das Wissen darum, dass es auch Menschen gibt, die ganz anders leben (müssen), ist dann zwar da. Doch es fehlt der Kontakt. Nicht zuletzt deswegen ist Armut in Deutschland zwar verbreitet, aber oft unsichtbar, verdrängt.

Das muss nicht sein. Wir werden zunächst zeigen, wie man gemeinsame Räume in unserer gebauten Umwelt schaffen kann, und dann die Organisationen des Zusammenseins beschreiben. Letztlich setzen wir an konkreten Politikfeldern an. Wie wir in Kapitel 2 gesehen haben, klaffen Selbsteinschätzung und die Wahrnehmung anderer Menschen in den Bereichen Arbeitsmarkt, Familie, Solidarität und Innovation besonders weit auseinander. Wir zeigen, wie und wo eine Politik des Vertrauens hier ansetzen kann.

Gemeinsame Räume schaffen und erhalten

Räume haben einen wesentlichen Einfluss darauf, ob und wie sich unterschiedliche Menschen begegnen können. Unsere Analyse der kleinen Wirs hat gezeigt, dass homogene Kleingruppen nicht notwendig von Nachteil für das große Ganze sein müssen. So ist es auch in unserem räumlichen Zusammenleben. Menschen suchen nicht nur in unterschiedlichem Maße Vielfalt und Verschiedenartigkeit in ihrem Umfeld, sie suchen auch an unterschiedlichen Orten. Junge, erwerbstätige Singles ziehen häufiger als andere um, sie haben weniger Kontakt in der Nachbarschaft, dafür umso mehr am Arbeitsplatz. Eltern haben vor allem andere Familien mit Kindern im Freundeskreis, sie suchen nach unterstützender Ähnlichkeit.

Entscheidend für das Zusammenleben ist eine Wahlfreiheit in Bezug darauf, wo man mit wem zusammenlebt. Haben die Menschen ihren Wohnort nach eigenen Vorlieben gewählt, kann eine in diesem Sinne positive, aktive Segregation entstehen. Sie kann eine Nachbarschaft stark machen, ohne ausgrenzend zu wirken. Das Gegenteil lässt sich am Phänomen der Gentrifizierung zeigen. Hier entwickelt sich zwar vorübergehend eine größere Vielfalt, wenn teure Neubauten neben unsanierten Altbauten stehen. Über kurz oder lang verdrängen die Einkommensstarken aber die Einkommensschwachen, und das Zusammenleben wird von den wirtschaftlichen Möglichkeiten diktiert. Die Durchmischung geht auf Kosten der weniger Privilegierten. Begegnung auf Augenhöhe findet kaum statt.

Früher oder später endet soziale Ungleichheit dann in sozialer Entmischung, wie es für den städtischen Raum zuletzt die Arbeiten von Marcel Helbig und Stefanie Jähnen gezeigt haben.[50] In 36 der bundesweit untersuchten 74 Städte gibt es Quartiere, in denen mehr als die Hälfte aller Kinder von Hartz-IV-Leistungen leben. Diese Dichte beeinträchtigt die Lebenschancen von Kindern deutlich. Hinzu kommt, dass in allen untersuchten Städten die Ausländer- und Geflüchtetenanteile seit 2014 dort am stärksten angestiegen sind, wo die meisten armen Menschen wohnen. Eine maßgebliche Ursache für diese Entwicklung ist die ungleiche Zuweisung von Geflüchteten auf die einzelnen Stadtteile.[51]

Die soziale Spaltung lässt erzwungene Nachbarschaften entstehen, in denen Entwurzelte und Verdrängte zusammenleben.

Sie sind geprägt durch passive Segregation, die sich die Bewohner eben nicht ausgesucht haben.[52] Es entwickelt sich eine Abwärtsspirale der Exklusion, die durch Stigmatisierung verstärkt wird. Schließlich verinnerlichen die Bewohner das schlechte Image. Die Folge ist ein genereller Vertrauensverlust: Die Menschen ziehen sich in die eigenen vier Wände zurück, statt sich den Raum, in dem sie leben, anzueignen.[53]

Vergleichbare Dynamiken gibt es im ländlichen Raum. Lange unbeachtet, lenken in den letzten Jahren die Wahlergebnisse den Blick auf diese Regionen. Wurde bislang meist die wirtschaftliche Situation oder die Arbeitslosigkeit herangezogen, um fremdenfeindliche oder demokratieskeptische Wahlergebnisse zu erklären, rücken nun demografische Faktoren in den Vordergrund. Katja Salomo hat dies für die ländlichen Gebiete in Thüringen gezeigt.[54] Zur Entmischung führten in den letzten Jahrzehnten hier vor allem drei Faktoren: hohe Abwanderungsraten, eine stark alternde Bevölkerung und ein Überhang von Männern im heiratsfähigen Alter. Die Kombination dieser Faktoren ließ bei denjenigen, die nicht wegzogen, häufig ein Gefühl der Kränkung aufkommen, was sich auch in demokratiefeindlichen Einstellungen und entsprechendem Wahlverhalten äußerte – selbst dann, wenn die wirtschaftliche Situation an sich nicht schlecht ist.

Dies zeigt Salomo am Beispiel von Landkreisen mit relativ niedriger Arbeitslosigkeit, aber besonders hohen fremdenfeindlichen Einstellungen. Hier wird das Lebensgefühl vom Fehlen junger Menschen bestimmt. Man fühlt sich alleingelassen, ohne Kontakte. Freizeitangebote entfallen, das öffentliche Verkehrsnetz wird ausgedünnt, die Zukunft bricht weg. Insbesondere junge Männer fühlen sich abgehängt, wenn die Partnersuche durch die demografische Situation erschwert ist. Was für die Abwanderer wirtschaftlich erzwungene Migration ist, bedeutet für die Dagebliebenen erzwungene Nachbarschaft. Hinzu kommt: Die neue demografische Homogenität vergrößert noch einmal den Unterschied zur städtischen Mehrheitsgesellschaft. Ein Teufelskreis entsteht: Die fehlende Offenheit schreckt Fremde ab, die diese Regionen umso dringender bräuchten.

Mit diesem – nachvollziehbaren – Gefühl der Zukunftslosigkeit lässt sich auch die heute oft kulturell geführte Debatte um den Osten der Republik versachlichen. Ja, es wirken ökonomische Verwerfungen. Vergleicht man Ost und West, finden sich im Osten eine höhere Arbeitslosenquote, ein häufigerer Bezug von Leistungen nach dem Zweiten Buch Sozialgesetzbuch (SGB II), eine höhere Schulabbrecherquote, weniger Lohn bei gleicher Arbeit und nicht zuletzt eine schlechtere Internetversorgung. Doch ihre besondere Sprengkraft entwickeln die Verwerfungen mit der genannten Dynamik von Überalterung, Abwanderung und niedrigem Ausländeranteil.

So gibt es auch in den alten Bundesländern einige Regionen, die ökonomisch und demografisch schlechter dastehen als andere Gebiete in Westdeutschland. Im Ruhrgebiet beispielsweise ist die Arbeitslosigkeit relativ hoch, in Teilen Bayerns wiederum ist die Bevölkerungsdichte niedrig, und auch aus vielen ländlichen Regionen Westdeutschlands ziehen vergleichsweise viele Menschen weg. Der Unterschied zum Osten besteht jedoch darin, dass viele dieser Nachteile in den alten Bundesländern eher isoliert und nicht gemeinsam auftreten. Im Osten ballen sie sich und prägen das Lebensgefühl in den betroffenen Regionen dadurch in spezifischer Weise.

Den sich hier abzeichnenden Konflikt zwischen wachsenden Metropolen und abgehängten Regionen müssen wir auch langfristig weiterdenken. Bereits in den 1990er-Jahren hat die Stadtsoziologin Saskia Sassen eine Entwicklung hin zu »Global Cities«

beschrieben.[55] Mit der Globalisierung, so ihre Beobachtung, ist ein transnationales Netzwerk von weltweit etwa hundert Metropolen entstanden, in denen die wichtigsten Finanzmärkte, Bank- und Konzernzentralen sowie unternehmensnahe Dienstleistungen wie Rechts-, Finanz- und Unternehmensberatungen ihren Sitz haben. In diesen Orten verbinden sich auf globaler Ebene mehr und mehr die beiden Entwicklungen, die wir skizziert haben: Mit der Konzentration von Geld und Macht steigt die Segregation innerhalb dieser Metropolen. Das hochbezahlte Personal der Globalisierung, das zwischen den Mega Cities wechseln kann, steht mehr und mehr den ungleich größeren Unter- und Mittelschichten gegenüber, die die Städte zwar am Laufen halten, sich diese aber nicht mehr leisten können. Gleichzeitig verschärfen die Global Cities die Unterschiede zwischen Stadt und Land, was in absehbarer Zeit nicht nur ländliche Regionen, sondern schließlich auch Städte in der Größe Leipzigs oder Mannheims betreffen könnte. Können diese global nicht mithalten, droht ihnen dasselbe Schicksal wie den ländlichen Regionen heute. Langfristig geht es also nicht allein darum, ob auf dem Dorf heute gleiche Lebensbedingungen herrschen wie in der Stadt, sondern auch darum, wie wir unsere Infrastrukturpolitik insgesamt vor dem Hintergrund dieser globalen Prozesse ausrichten.

Diversität ist wichtig. Auch den Menschen. Entschlossen sprechen sie sich für ein räumliches und schulisches Miteinander aus.[56] Jeweils über 75 Prozent geben in der Vermächtnisstudie an, dass es ihnen sehr wichtig ist, dass Alt und Jung, Arm und Reich, Menschen mit und ohne Migrationserfahrung nebeneinander wohnen und dass Kinder aus unterschiedlichen sozialen Schichten zusammen in die Schule gehen. Und nur sehr wenige, um die 5 Prozent, wehren ab.

Offene Türen

Jan Wetzel

Unser Leben prägt der Gegensatz von »privat« und »öffentlich«. Zwischen beiden Sphären wechseln wir, indem wir über die Türschwelle treten. Welche Tür das ist, wie sie aussieht, wie sie gesichert ist, verrät viel darüber, welches Verhältnis wir zu unserer Umwelt haben.

In der Wohnung, in der ich aufgewachsen bin, war früher eine Arztpraxis. Ins Glas der Holztür war deshalb ein kleines Fensterchen eingelassen, durch das die Sprechstundenhilfe in den Hausflur sehen konnte. Wenn wir das Fensterchen von innen entriegelt hatten, konnten wir von außen durchgreifen und so die Tür öffnen. Es stand meistens offen, sodass wir auch ohne Schlüssel in die Wohnung kamen. Im Schloss steckte auch oft der Schlüsselbund.

Als Kind war ich regelmäßig zu Besuch bei meinem Patenonkel, einem Arzt aus dem Schwarzwald. Er und seine Familie wohnten in einer wohlhabenden Gegend, in einem gediegenen Einfamilienhaus gleich neben dem Weinberg. Dort stand die Tür immer offen, und das war ganz normal. Einmal fuhren Lkw mit polnischen Kennzeichen durch die Nachbarschaft. Sie holten Sperrmüll ab. Ich habe mich damals sehr darüber gewundert. Warum fährt jemand über 1000 Kilometer, nur um Sperrmüll einzuladen? Einige der Nachbarn haben in den Tagen ihre Haustür verschlossen.

In der ersten WG, in der ich wohnte, gab es eine andere Lösung. Man konnte die Tür mit der Schulter einfach aufdrücken. Einer der Mitbewohner gewöhnte sich an, seinen Schlüssel regelmäßig zu vergessen – man kam ja auch so in die Wohnung. Mich hat das immer aufgeregt. Aber als ich selber mal meinen Schlüssel nicht dabeihatte und niemand sonst in der Wohnung war, war es schon praktisch, dass sich die Tür so einfach öffnen ließ. Wie das Fensterchen zu Hause.

In der neuen WG, in der ich seit Kurzem lebe, habe ich von Anfang an gelernt, die Tür immer doppelt abzuschließen. Das alte Schloss hält zwar keine Einbrecher auf. Aber sollte es einen Einbruch geben, zahlt so wenigstens die Hausratversicherung.

Die Bau- und Wohnungspolitik hat somit einen konkreten Ansatzpunkt und könnte entschlossen handeln. Das gilt vor allem für drei Bereiche: den Wohnungsbau, den öffentlichen Raum und den Verkehr. Zunächst zum Wohnungsbau. Bei Flächensanierungen und der Erschließung neuen Wohnraums müssten Städte und Kommunen zwingend Schlüssel festlegen für das Verhältnis hochpreisiger zu niedrigpreisigen Wohnungen. Sozialwohnungen sind auch in Stadtteilen zu bauen, in denen eher einkommensstarke Menschen leben. Und bei großen Projekten meist internationaler Investoren könnte von vornherein zur Auflage gemacht werden, für jede Wohnung im Hochpreissegment auch eine im Niedrigpreissegment zu errichten. Auch an der Grundsteuer wäre anzusetzen. Gestaffelt wäre sie so zu gestalten, dass Menschen, die sich teure Wohnungen kaufen, entsprechend höhere Grundsteuern zu zahlen hätten. Diese Beträge könnten dann zweckgebunden in die Errichtung bezahlbarer Wohnungen fließen. Diese Maßnahmen würden die räumliche Ungleichheit deutlich senken und damit die soziale Segregation. Sie würden maßgeblich auch dazu beitragen, dass unterschiedliche Menschen sich wieder leichter treffen und mehr voneinander erfahren – und sei es nur durch einen Blick.

Die Unterschiede zwischen unterschiedlichen Kommunen sind hier riesig. In Städten mit hohen Steuereinnahmen und damit größeren Gestaltungsmöglichkeiten werden beispielsweise Geflüchtete gleichmäßiger im Stadtgebiet angesiedelt als in Städten mit leeren Kassen. In Letzteren finden sie ihre Bleibe oft in Vierteln mit chronisch hohem Leerstand, die es in wachsenden Städten insgesamt weniger gibt. Der Zusammenhang zwischen der Entwicklung von Ausländeranteilen und der sozialen Lage der Stadtteile ist in »reichen« Städten dadurch deutlich schwächer ausgeprägt. Wohnungsbaupolitische Maßnahmen muss man sich leisten wollen, man muss sich diese aber auch leisten können.[57] Insbesondere die finanziell schwachen Kommunen können bei solchen Fragen also nicht alleingelassen werden.

Wir müssen darüber hinaus den öffentlichen Raum als vertrauensstiftend verstehen. Der amerikanische Stadtsoziologe Ray Oldenburg spricht von »dritten Orten«. Neben den Sphären des Privaten und der Arbeit sind dies die Orte, an denen ganz unterschiedliche Menschen im Alltag miteinander in Kontakt kommen können.[58] Hauptstraßen und öffentliche Plätze, Cafés und Kneipen, Gemeinschafts- und Einkaufszentren, Kirchen und Bibliotheken gehören dazu. Sie ermöglichen das, was wir Begegnung nennen. Hier treffen Menschen ohne große Voraussetzungen zusammen. Jeder kann kommen und gehen, ohne Eintritt zu zahlen oder Mitglied zu sein, und auch der Status spielt keine Rolle. Dritte Orte sind einfach zugänglich. Sie werden von Stammgästen geprägt, sind aber offen für alle. Sie sind nicht extravagant, sondern gewöhnlich. Ihre entspannte Atmosphäre ermutigt zum Gespräch.

Unter dem Stichwort der Begegnung ganz unterschiedlicher

Menschen können wir letztlich die gesamte Infrastruktur unseres Alltags neu denken. Dass ein gutes Zusammenleben dritte Orte, Orte der Begegnung, braucht, hat auch zu einem Umdenken in zahlreichen öffentlichen Bereichen geführt. Die altehrwürdigen bürgerlichen Institutionen, von Museen über Schauspielhäuser bis hin zur Oper, durchzieht langsam ein anderer Geist.

Der amerikanische Soziologe Eric Klinenberg hat dies am Beispiel von Bibliotheken untersucht und in seinem beeindruckenden Buch *Palaces for the People* (»Paläste für die Menschen«) gezeigt, wie wirkmächtig eine soziale Infrastruktur sein kann, welch großen Akzent sie setzt gegen Ungleichheit, Polarisierung und den Untergang gesellschaftlichen Lebens.[59] Sein Fazit: Lasse man Bibliotheken verkümmern, gingen Menschen seltener vor die Tür, ihr soziales Netz zerreiße, die Kriminalität im Viertel steige. Die Älteren würden isoliert, die Jüngeren auf die Straße getrieben. Das gegenseitige Misstrauen wachse, die gesellschaftliche Teilhabe schwinde.

Unter diesem Blick lassen sich schließlich ganz unterschiedliche Einrichtungen wie Biergärten, Supermärkte oder auch Kirchen zusammendenken. Gerade Kirchen könnten als Orte der Begegnung eine neue Bedeutung erlangen. Wurden in den letzten zwanzig Jahren allein in Deutschland mehr als 1000 Kirchengebäude aufgegeben und mehrere Hundert abgerissen, setzt allmählich ein Umdenken ein. Das Signet »verlässlich geöffnete Kirche« weist etwa Kirchen aus, die auch außerhalb der Gottesdienstzeiten für Besucher zugänglich sind und zur stillen Andacht, zur Begegnung oder auch nur zur Rast einladen. Auch die sogenannten City-Kirchen sind ein Versuch, die Gebäude hin zu einer »Kirche für alle« zu öffnen. Ökumenische Nutzung, die Zusammenarbeit mit Vereinen und Parteien oder auch das Betreiben von Cafés im Kirchenraum weisen in eine neue Richtung.[60]

Schließlich gilt es, auch die Mobilität im Sinne einer vertrauensbildenden Maßnahme als Teilhabe neu zu denken. Hier steht uns ein grundlegender Wandel bevor. In der klassischen Verkehrsplanung dominierte der Individualverkehr, das Auto sollte die Welt verfügbar machen. So wurde es zum emotional aufgeladenen privaten Raum im öffentlichen, zu einem Kokon unter eigener Kontrolle, einer mobilen Erweiterung des Zuhauses. Der öffentliche Verkehr blieb dagegen für all jene, die nicht Auto fahren wollten oder konnten.[61]

Begegnung im öffentlichen Verkehr muss neu gedacht und erlernt werden. Zunächst müssen die öffentlichen Verkehrsmittel attraktiver und zur überzeugenden Alternative zum Individualverkehr werden. Nur so können sie ihr Stigma verlieren. Auch das Fahrrad kann man in diesem Zusammenhang neu verstehen: Im Vergleich zum Auto ist es kontaktfreudiger. Wer auf dem Fahrrad sitzt, ist nicht von der Außenwelt abgeschlossen, ist verletzlicher und muss sich deswegen anders auf die anderen Verkehrsteilnehmer einstellen. Gleichzeitig verbraucht das Fahrrad deutlich weniger Platz, lässt also mehr Freiraum für all das, was an Zusammenleben im Straßenraum stattfinden kann. Autofreie Zonen können die Mobilität aller im Quartier fördern, indem sie dazu einladen zu flanieren, zu verweilen, sich die Menschen anzuschauen. Barrierefreiheit schließlich kann die Straße wieder zu einem öffentlichen Ort, zu einem Ort der Begegnung machen.

Das hat auch Auswirkungen auf das, was wir unter »Mobilität« verstehen. Deutlich wird das an der Form räumlicher Mobilität, die unseren Alltag hierzulande wohl prägt wie keine andere, dem Pendeln aus dem Umland an den Arbeitsplatz in der Stadt. Zwar handelt es sich dabei zweifellos um räumliche Mobilität. Ihr Preis ist aber nicht nur ein ökologischer. Pendeln als räumliche Zwangsmobilität kann eine umfassend gedachte Mobilität als Basis von Teilhabe sogar beschränken, kostet sie doch viel Geld, Lebenszeit und Aufwand. Der neue Fokus liegt dagegen viel stärker darauf, dass Mobilität vielseitige soziale Kontakte ermöglicht. Mit der Individualisierung unseres Alltags können Beziehungen zu anderen nur dann auf- und ausgebaut werden, wenn man diese auch erreichen kann. Schon heute aber sieht man, dass diese Form der sozialen Mobilität den Menschen nur in sehr unterschiedlichem Maße möglich ist. Wer bessere Lebenschancen hat, ist mobiler, kann breitere Netzwerke aufbauen. Gerade deswegen ist ein öffentlicher Verkehr, der allen gleichermaßen Mobilität bereitstellt, so wichtig: Es geht um die Lebenschancen, die mit ihm verteilt werden. Bei alldem gilt aber auch hier: Es ist die Entscheidungsfreiheit, die zählt. Nicht die Mobilität als solche ist wichtig, sondern inwiefern sie hilft, Vertrauen in die Mitmenschen zu gewinnen.

Organisationen des Zusammenseins aufbauen

Demokratie als Gesellschaftsform ist nicht allein in unserer gebauten Umwelt aufgehoben, sondern auch in den zahlreichen Institutionen, die unser Zusammenleben organisieren. Diese bestimmen darüber, wann wer wo mit wem zusammenkommt und worüber gesprochen wird. Demokratische Institutionen sind breit aufgestellt, jeder hat freien Zugang. Sie zeichnen sich, so Rosanvallon, durch eine grunddemokratische Eigenschaft aus, nämlich »die bewusste Organisation des Zusammenlebens durch unterschiedliche Menschen«.[62] Unter ihrem Dach handeln also ständig ganz unterschiedliche Menschen ihre jeweiligen Interessen aus. Das verlangt zwar dem Einzelnen oft viel ab, erlaubt aber auch, Vertrauen in die anderen aufzubauen. Die dauerhafte, auf regelmäßigem Kontakt aufbauende Organisation des Zusammenlebens unterwirft die Mitglieder dem »Gesetz des Wiedersehens«.[63] Man weiß, man muss sich immer wieder in die Augen sehen können. Dafür braucht man Vertrauen.

Die Organisationen des Zusammenseins, in denen ganz verschiedene Menschen ihr Zusammenleben bewusst gestalten, geraten immer mehr unter Druck. Großinstitutionen, die unseren Alltag lange prägten, erodieren. Am auffälligsten ist dies bei der Religion. In den sozialistischen Staaten wurde sie schon lange zurückgedrängt, ihre Funktion durch staatliche Organisationen ersetzt. In der Bundesrepublik verlor die Religion schleichender an Bedeutung. 1951 gehörten 96 Prozent der Bevölkerung einer christlichen Konfession an, 2018 waren es 53 Prozent.[64] Auch die Zahl der Gottesdienstbesuche sinkt. Selbst von den verbliebenen Mitgliedern der katholischen wie evangelischen Kirchen gehen die meisten nur ab und zu in den Gottesdienst.[65]

Auch der Staat hatte früher einen stärkeren Zugriff auf das Zusammenleben. So war der Wehrdienst eine Institution, die die verschiedensten Menschen über alle Schichten hinweg zumindest temporär zusammenbrachte. Sein in der Bundesrepublik 1961 eingeführtes ziviles Pendant, der Wehrersatzdienst, wurde im Laufe der Jahrzehnte zunehmend als Ausdruck derselben Verantwortung für den Staat und seine Gesellschaft empfunden wie der Wehrdienst.[66] Zum 1. Juli 2011 wurde die Wehrpflicht in Deutschland ausgesetzt, die Bundeswehr wurde zu einer Freiwilligenarmee.[67] Damit fiel auch die gesetzliche Grundlage des Zivildienstes weg, der »Zivi« ist seitdem Geschichte.

Der Freiwilligendienst ist bislang kein Substitut dafür. 2018 leisteten ihn etwa 80 000 junge Menschen. Nach vorsichtigen Schätzungen ließe sich die Zahl auf 120 000 erhöhen, was aber nicht mehr als ein Sechstel aller Schulabgänger wären.[68]

Neben der Werbung für mehr Freiwilligkeit wird daher auch die Einführung eines sozialen Pflichtdienstes diskutiert. Nach unseren Daten begrüßt dies jede und jeder zweite Befragte in Deutschland sehr. Entschieden dagegen ist nur ein Fünftel. Diese Zahlen werden kontrastiert durch rechtliche Tatsachen: Ein sozialer Pflichtdienst würde eine Grundgesetzänderung erfordern, von Konflikten mit der Europäischen Union ganz zu schweigen.[69] Die Lebendigkeit der Debatte weist jedoch deutlich darauf hin, dass die Erwartungen an das Geben und Nehmen im Zusammenleben nicht erfüllt sind. Ob soziales Engagement also weiterhin freiwillig und damit privat bleibt, wird derzeit neu verhandelt.

Ganz ähnlich lässt sich die Entwicklung von Volksparteien und Gewerkschaften beschreiben. Im deutschen Parteiensystem ist ein langfristig unumkehrbarer Trend auszumachen: Die Volksparteien verlieren seit den 1980er-Jahren an Bedeutung. Sie bekommen weniger Stimmen. Vor allem aber nimmt die Bindung ab, die Menschen wählen mal die eine, mal die andere Partei. Die Partei ist immer weniger eine Institution oder ein Ort, der das Zusammenleben großer Teile der Bevölkerung strukturiert. Die CDU hatte 1990 knapp 800 000 Mitglieder, heute sind es gerade noch halb so viele. Ähnlich sieht es bei der SPD aus. Sie hatte 1990 noch 940 000 Mitglieder, heute sind es 426 000.[70]

Den Gewerkschaften geht es nicht anders. Sie verbanden die kleinen sozialen Welten innerhalb von und zwischen den einzelnen Betrieben durch eine übergeordnete Organisation. Sie diente der Arbeiterschaft nicht bloß als Interessenvertretung, sondern prägte durch Vereine und Verbände auch den Alltag ihrer Mitglieder. Der Anteil der gewerkschaftlich Organisierten unter den Erwerbstätigen lag dabei über die Jahrzehnte relativ konstant zwischen 25 und 30 Prozent. Dies änderte sich seit Mitte der

1990er-Jahre. Inzwischen sind nur noch 15 Prozent der Erwerbstätigen Mitglied in einer Gewerkschaft.

Die Großinstitutionen haben eindeutig an Bedeutung eingebüßt. Doch damit sind nicht die Institutionen des bürgerschaftlichen Zusammenlebens an sich verschwunden. Das zeigt sich beim bürgerschaftlichen Engagement. Insbesondere das Vereinsleben hat sich gut entwickelt. Im Jahr 2017 waren in Deutschland 36 Millionen Menschen in über 600 000 eingetragenen Vereinen organisiert. Das sind fünfmal so viele wie noch 1970. Den größten Bereich machen dabei Sportvereine aus. Hinzugekommen sind vor allem Vereine, die sich mit Umwelt- und Naturschutzthemen, mit Bildung und Erziehung beschäftigen. Fast die Hälfte der Bevölkerung in Deutschland ist in Vereinen organisiert.

Wenn der gesellschaftliche Zusammenhalt also in kleinere Organisationsformen des Engagements wandert, wird die Bildungsfrage wichtiger. Neben der Mitgliedschaft in Vereinen ist bürgerschaftliches Engagement insgesamt eine Sache derjenigen, die besser mit Bildung ausgestattet sind. Die bloße Möglichkeit, durch gesellschaftliches Engagement Beziehungen und damit Vertrauen aufzubauen, ist also ungleich verteilt. Was damit an Chancen vertan wird, zeigt sich am positiven Beispiel von Migrantensportvereinen. Indem sie erste Einstiege in den organisierten Sport und das Vereinsleben bieten, leisten sie wichtige Integrationsarbeit für Neuankömmlinge mit schlechten Deutschkenntnissen oder für muslimische Frauen und Mädchen. Meist beteiligen sich die Vereine auch an Wettbewerben der jeweiligen Sportverbände, wo die Teilnehmer mit solchen der Mehrheitsgesellschaft zusammentreffen und über den sportlichen Wettkampf ein Kontakt entsteht. Da der Sport als gemeinsames Gut im Mittelpunkt steht, können diese Vereine häufig offener sein als andere Migrantenorganisationen.[71]

Engagement muss aber weder von Dauer noch von verpflichtendem Charakter sein. In den letzten Jahrzehnten sind temporäre Orte der Begegnung wichtiger geworden, die nur wenige Stunden oder Tage andauern: Events. Auf die eine oder andere Weise, etwa in Form von Prozessionen, Schützenfesten oder dem Karneval, hat es diese immer schon gegeben. Neu ist, dass sie heute von allen möglichen Veranstaltern geschaffen werden – von Städten, Ministerien und Vereinen bis hin zu Schulklassen oder Musikszenen.

Events füllen eine Lücke, die durch den Bedeutungsverlust von Großorganisationen entstanden ist. Sie zeigen, dass die damit verbundene Individualisierung nicht zwangsläufig zur Isolation führen muss. Bei öffentlichen Events bleibt man Individuum – und erlebt sich zugleich als Teil einer Gemeinschaft. Aber auch hier spielt der Faktor Bildung eine große Rolle. So hat die Soziologin Michaela Pfadenhauer die These formuliert, dass das Organisieren von Events selbst zu einem Teil kultureller Bildung werden könnte. Wer dazu in der Lage ist, wird in Zukunft wahrscheinlich mehr Zeit seines Lebens damit verbringen, verschiedene Leute zusammenzubringen: für ein paar Tage, für ein paar Stunden.[72]

Diese Entwicklung zeichnet sich auch in der Politik ab, die persönliche Begegnung wieder ernst zu nehmen beginnt. Emmanuel Macron hat als Reaktion auf politischen Unmut mit dem »grand débat national« eine ausführliche Gesprächsreise durch die französische Provinz gemacht. Vorreiter in Deutschland ist der sächsische Ministerpräsident Michael Kretschmer. Er besuchte 2018 und 2019 die sächsischen Landkreise und Städte und lud abends alle Bürgerinnen und Bürger zum »Sachsengespräch« und zur Diskussion mit ihm ein.[73] Die amerikanische Präsidentschaftskandidatin Elizabeth Warren schließlich bietet bei ihren Auftritten explizit ein Selfie mit ihr an. Schon in den ersten Monaten ihrer Kampagne kamen so schnell Zehntausende Selfies zusammen, die die persönliche Begegnung der Wahlkampfevents in die digitale Welt erweitern.[74] All das löst noch keine politischen Probleme. Zutreffen mag auch der Vorwurf, dass diese Begegnungen bisher vor allem als Reaktion auf politische Krisen oder im Rahmen des Wahlkampfs stattfinden. Dennoch zeigt sich hier ein Sinneswandel, ein engerer Kontakt zwischen Politik und Bürgerschaft.

Eine besondere Stärke entwickeln solche politischen Events dann, wenn sie die Online-Welt und die Offline-Welt verbinden. Das verweist auf die neue Rolle, die soziale Medien für eine Politik des Vertrauens spielen könnten, nachdem sie in den letzten Jahren eher zur Verunsicherung beigetragen haben, ja zu einem Sinnbild für den Vertrauensverlust im öffentlichen Diskurs geworden sind. Die Erzählung geht oft so: Die Monopolstellung der klassischen Printmedien und des öffentlich-rechtlichen Rundfunks sicherte lange Zeit eine gemeinsame Welt. Von dem, was auf den Titelblättern der Zeitungen zu lesen war, von dem, was im Rundfunk berichtet wurde, konnte man annehmen, dass es die anderen auch wussten. Analog zu den schon beschriebenen Großinstitutionen von Staat, Kirche und Partei stützten die Massenmedien somit den gesellschaftlichen Zusammenhalt. Demgegenüber würde die fragmentierte Medienwelt von heute die Menschen in Filterblasen abschotten.

Teile dieser Erzählung sind kaum umstritten, andere aber schon. Klar ist: Die Auflagen der Tageszeitungen sind weiterhin rückläufig. Im ländlichen Raum werden regionale Tageszeitungen nach und nach eingestellt. Finanziell besser ausgestattet ist der öffentlich-rechtliche Rundfunk, dessen Publikum aber chronisch überaltert ist, insbesondere, wenn es um politische Meinungsbildung geht. Auch er kann also kaum noch von sich behaupten, *die* Öffentlichkeit zu repräsentieren.

Zumindest umstritten ist dagegen die Behauptung, die Menschen würden sich durch die neuen digitalen Medien in kleinen Gruppen abschotten. Wissenschaftliche Untersuchungen bestätigen dies nicht. Der öffentliche Raum des Internets, jenseits von WhatsApp- oder Facebook-Gruppen, ist nach wie vor von einer hohen Vernetzung und Durchlässigkeit geprägt. Ein Klick, und man befindet sich in einer völlig anderen Welt. Es sind eher die politischen Themen selbst, die polarisieren. Die sozialen Medien leben zwar von dieser Polarisierung in besonderem Maße, das gilt aber ebenso für die klassischen Medien.

Der Kommunikationswissenschaftler Axel Bruns schlägt daher vor, zwischen Verbindungsstrukturen und den Mustern der Kommunikation zu unterscheiden. Wer gut vernetzt ist, ist noch lange nicht weltoffener.[75] Paradoxerweise können sich politisch radikale Gruppierungen sogar durch eine besonders hohe Vernetzung im Vergleich zum politisch weniger interessierten Durchschnitt auszeichnen. Was die Gruppen so destruktiv macht, ist also nicht ihre Verbindungsstruktur, sondern die Art, *wie* sie kommunizieren. Was politisch missliebig ist, wird nicht ignoriert. Im Gegenteil. Es wird abfällig kommentiert und lächerlich gemacht. Es geht demnach nicht um die eigentliche Information, sondern darum, was mit ihr passiert: Wird sie ignoriert? Wird sie so umgedeutet, dass sie das eigene Weltbild bestärkt? Wird sie ernst genommen und durch Gegenargumente entkräftet? Der Aufklärung können Informationen nur dann dienen, wenn sie durch eine Vertrauensbeziehung kommuniziert werden, die Verbindlichkeit und Reziprozität herstellt, von gegenseitigem Respekt geprägt ist und damit das große Wir stärkt.

Schon allzu lange beklagen wir das »postfaktische Zeitalter«, anstatt darüber nachzudenken, wie Vertrauen im öffentlichen politischen Diskurs durch soziale Medien gestärkt werden kann. Facebook als das weltweit wichtigste soziale Netzwerk hat vor dieser Frage inzwischen kapituliert und möchte in Zukunft immer mehr auf private, verschlüsselte Kommunikation setzen.[76] Dabei müsste eine Politik des Vertrauens gerade jetzt konsequent und zwingend in den digitalen Raum hinein weitergedacht werden.

Zu fragen ist also: Wie können soziale Netzwerke etwa die kommunale Verwaltung dabei unterstützen, mit der Bürgerschaft zu kommunizieren, wenn das die klassischen Medien, insbesondere die Tageszeitungen, nicht mehr leisten? Was können soziale Netzwerke zum Aufbau guter Nachbarschaften beitragen? Wie können die alten Großinstitutionen soziale Netzwerke nutzen, um Menschen auch über das Digitale hinaus zu aktivieren? Hier braucht es Ideenreichtum und Mut. Vertrauenswürdig müssen dabei auch die sozialen Netzwerke an sich sein. Dafür brauchen wir erstens eine Transparenz der Algorithmen, damit wir verstehen können, wie unsere neue Öffentlichkeit überhaupt funktioniert. Zweitens müssen die Betreiber zur Verantwortung gezogen werden, wenn sich zeigt, dass Algorithmen eine zerstörerische Wirkung auf die demokratische Meinungsbildung entfalten. Beides verlangt im Zweifelsfall staatliche Zwangsmaßnahmen. Die Datenschutzgrundverordnung hat zuletzt gezeigt, dass das geht.

Ein Sozialstaat, der Vertrauen schafft

Kommen wir zu den Bereichen, in denen sich auf Grundlage unserer Daten Vertrauensfragen im engeren Sinne stellen, die Meinungen der Menschen also weit auseinanderklaffen. Dies betrifft bei Weitem nicht alle Bereiche, von einem allgemeinen Misstrauen kann also nicht die Rede sein. Dennoch, in einigen Fragen misstrauen viele ihren Mitmenschen. Deutlich gesehen haben wir das bei der Erwerbsarbeit, der Familie und dem Gesundheitssystem. Hinzu kommt, dass gesellschaftlicher Fortschritt sehr zurückhaltend begrüßt, ja eher gelähmt wird, wenn es an Vertrauen fehlt.

Erinnern wir uns an die Einstellungen zur Erwerbsarbeit. Die Menschen in Deutschland orientieren sich sehr stark am Bild der Erwerbsgesellschaft. Nichts ist ihnen wichtiger als die Erwerbstätigkeit. Allen. Soziales Misstrauen bricht auf, wenn es um das Verständnis dessen geht, wofür Arbeit in der Gesellschaft steht. Für sich selbst versteht man Arbeit als Lebensform, andere, so meint man, arbeiten dagegen nur für den schnöden Mammon.

Denken wir an die Familie. Für die Kinder zu sorgen, sich selbst dabei ein Stück zurückzunehmen, ist allen Menschen eine Selbstverständlichkeit. Von gegenseitigem Misstrauen keine Spur. Geht es aber darum, ob die anderen Menschen selbst Kinder haben möchten, sich dem »Sorgenfall« also aussetzen wollen, sieht es ganz anders aus. Man selbst will Kinder, ein Stück Zukunft in die Gesellschaft tragen, bei den anderen sieht man dieses Bedürfnis nicht. Man fühlt sich von Ichlingen umgeben.

Auch im Bereich Gesundheit zeigen sich Risse im Vertrauen. Ein System, das medizinische Leistungen nicht vom Geldbeutel abhängig macht, wird stark unterstützt. In diesem Punkt ist auch das Vertrauen in die Mitmenschen hoch, dass sie genauso denken. Die soziale Vertrauensfrage schleicht sich erst bei der Vorsorge ein. Während die Menschen angeben, sich selbst um ihre Gesundheit zu kümmern, stellen sie das bei ihren Mitmenschen deutlich infrage. Die Solidarität im Gesundheitswesen ist zu einer bedingten Solidarität geworden: Nur wer etwas leistet, wer vorsorgt und sich um die eigene Gesundheit kümmert, verdient Unterstützung.

Und wenn es schließlich um Innovationen, den Umgang mit Neuem geht, sind die Menschen unsicher. Sie wollen sich auf das Neue zubewegen, sind aber ratlos, wissen nicht, was zu tun ist, und tun entsprechend wenig. Die anderen Menschen aber helfen nicht, im Gegenteil, sie erscheinen noch unsicherer als man selbst. Der erhoffte und benötigte Schubs bleibt aus.

Alle Formen des Misstrauens oder des enttäuschten Vertrauens haben etwas mit unserem (Sozial-)Staat zu tun. Wenn wir daher Antworten oder Forderungen in diesen Bereichen skizzieren, so verbindet sie alle das Ziel, wieder ein Vertrauen in Reziprozität herzustellen. Es geht also nicht nur darum, das Vertrauen zu stärken, dass unsere Mitmenschen im Großen und Ganzen ähnliche Werte teilen. Sondern auch darum, die Sicherheit zu vermitteln, dass diese Werte Gültigkeit haben, sich also in Regeln und Rechte übersetzen, die für alle gleichermaßen gelten.

Nur wenn Menschen in diesem Sinne auf Reziprozität vertrauen können, sind sie bereit, sich für die Gemeinschaft, für kollektive Projekte zu engagieren. Ansonsten entsteht Misstrauen, das zu Ressentiments führt, die verallgemeinert auf die gesamte Gesellschaft übertragen werden. Mit ihm löst sich das staatsbürgerliche Pflichtgefühl auf, und die Legitimation des Wohlfahrtsstaates schwindet.[77]

Im Folgenden werden wir auf die identifizierten Bereiche näher eingehen und zeigen, welche spezifischen politischen Maßnahmen nötig sind, um dort jeweils das gegenseitige Vertrauen wieder zu stärken. Wenig müssen wir neu erfinden. Das meiste ist schon da. Umso wichtiger ist aber der Interpretationsrahmen.

Denn diese Maßnahmen ergeben nur gemeinsam als Politik des Vertrauens einen Sinn und können so ihre Wirkung entfalten.

Erwerbsarbeit als Lebensform

Für die Menschen in Deutschland ist die Erwerbsarbeit selbstverständlich. Sie ist ihnen Pflicht und Anliegen zugleich, unterlegt von Normen der Reziprozität. Leistung muss sich lohnen. Der Lohn besteht aus mehr als dem Einkommen. Die meisten Menschen würden auch dann arbeiten, wenn sie das Geld nicht bräuchten. Um was geht es dann?

Erwerbsarbeit steht für ein Leben außerhalb der eigenen Familie, des kleinen Wir. Den Befragten ist sehr bewusst, dass ihre private Welt nur wenig Gelegenheiten bietet, Kontakt zu Menschen aufzunehmen, die anders sind als sie selbst. Und sie wissen, dass die Erwerbsarbeit wie kaum ein anderer Lebensbereich bestimmt, zu wem man Kontakte aufbauen kann. Das fällt bei den Diskussionen über die Zukunft der Arbeit oft unter den Tisch. Arbeit prägt und integriert in diesem Sinne wie kaum ein anderer Bereich des Lebens. Gute Arbeit ist aber auch kontrollierte Selbstentfaltung, sie strukturiert den Alltag. Sie motiviert die Menschen, neu zu denken, Neues zu lernen, tagtäglich. Erwerbsarbeit ist auch ein Ort der Begegnung mit sich selbst.

Man mag einwenden, dass Erwerbsarbeit als Ort der Begegnung und Entfaltung nur wenigen wichtig ist, denjenigen, die gut ausgebildet in guten Jobs sind. Unsere Daten zeigen, dass dem nicht so ist. Fast alle Befragten bezeugen, einer Beschäftigung nachzugehen, die sie gerne machen. Sie zeigen Stolz. Alle sprechen den anderen Menschen jedoch genau das ab. Jene mit hoher Bildung in gut bezahlten Tätigkeiten äußern sich in dieser Hinsicht genauso wie jene in prekären Beschäftigungen.

Es herrscht eine große Unsicherheit darüber, ob der Wert von Arbeit überhaupt noch gültig ist. Diese Verunsicherung ist keine Einbildung. Die Menschen spüren, dass sich viel verändert – und dass diese Veränderungen ihr Leben schon jetzt massiv beeinflussen oder noch beeinflussen werden. Sie spüren, dass ihnen die Halteplanken fehlen. Daher kommt die Angst vor dem Verlust von all dem Positiven, was sie mit Arbeit verbinden. Diese Angst verorten sie aber nicht bei sich selbst, sondern bei den anderen.

Anlässe zu konkreten Befürchtungen bietet die Digitalisierung, die mit der Entgrenzung der Erwerbsarbeit von einem festen Arbeitsort einhergeht. Lange wurde das als Freiheitsgewinn gesehen. Doch müssen wir vorsichtig sein. Die Zusammenarbeit im Betrieb, in der Fabrik oder dem Büro ist kein technisches Hindernis, das durch Digitalisierung endlich überwunden wird. Die Freiheit, jederzeit von überall arbeiten zu können, hat sich längst als Gefahr der Vereinzelung herausgestellt.[78] Bei aller Flexibilität der Arbeitszeiten und des Arbeitsortes darf ein gemeinsamer Rahmen nicht fehlen, in dem man einander treffen und Kontakt haben kann. Der Arbeitsort ist ein Ort der Begegnung, an dem gegenseitiges Vertrauen aufgebaut werden kann.

Die Herausforderungen aktueller Entwicklungen zeigen sich etwa beim sogenannten Crowdworking, einer besonders flexibilisierten Arbeitsform, in der die Arbeitnehmer gar keinen dauerhaften Arbeitgeber mehr haben, sondern einzelne Aufgaben über eine Plattform erhalten, die diese individuell verteilt. Forschungen zu diesem Thema machen zwar auf den Machtverlust der Arbeitnehmer aufmerksam. Gleichzeitig zeigen sie, dass sich diese nicht einfach den digitalen Arbeitsvermittlungsplattformen ausliefern. Sie organisieren und unterstützen sich jenseits der offiziellen Kanäle oder wechseln gemeinsam die Plattform, wenn die Konditionen zu schlecht werden. Christine Gerber und Martin Krzywdzinski kommen so zu dem Ergebnis, dass es auf den digitalen Plattformen »keinen Automatismus der Entgrenzung« von Arbeit gebe.[79] Die Frage ist, ob solch widerständiges Verhalten einzelner Communitys reicht. Sollen Errungenschaften wie das Tarifwesen langfristig gesichert werden, müssen wir sie nicht nur im analogen Bereich sichern, sondern auch auf digitale Arbeitsmärkte übertragen.

Zudem ist eine neue Lebensverlaufspolitik gefragt. Sie muss anerkennen, dass die Pluralität der Lebensverläufe heute normal ist, anstatt auf einen normierten Lebensverlauf zu setzen und diejenigen zu strafen, die diesen nicht haben. Wir leben heute länger, haben sehr viel mehr Lebenszeit zur Verfügung als vergangene Generationen. Wir erheben größere Ansprüche, unser Leben individuell zu gestalten, eine eigene Perspektive für den Lebensverlauf zu entwickeln, eine Souveränität darüber, wie wir unsere Lebenszeit einsetzen. Die große Pluralität, die man sich dabei vorstellen kann, wird bis jetzt vom institutionellen Rahmen allerdings nicht abgebildet, geschweige denn gefördert. So wird nach wie vor von einem Lebensverlaufsmodell ausgegangen, in dem man nach der Ausbildung kontinuierlich bis zur Rente arbeitet. Wer mit 67 Jahren noch fit ist, kann nicht einfach so weiterarbeiten, wenn er das möchte. Wer seinen Beruf mit 50 Jahren nicht mehr ausführen kann, hat es schwer, in einen neuen zu wechseln, und ist von Altersarmut bedroht. Arbeitslosigkeit schließlich wird stigmatisiert, anstatt sie als Zeit der Neuorientierung nutzbar zu machen. Das alles sind vertane Chancen für den Einzelnen wie für die Gesellschaft insgesamt.

Arbeitslosigkeit als Bruch in der Erwerbsbiografie ist ein Drohpotenzial, mit dem die Betroffenen selbst fertigwerden müssen. Auch hier ist die Digitalisierung der Stichwortgeber.

Schule und Ausbildung setzen traditionell früh im Leben an und gehen davon aus, dass das Erlernte ein langes Berufsleben hält. Nun leben wir aber nicht nur immer länger, unser Leben ändert sich auch schneller. Die Digitalisierung führt zu neuen, in vielen Bereichen sich gerade erst entwickelnden Arbeitsinhalten, die alle Altersgruppen vor Herausforderungen stellen. So wird zwar viel über Automatisierung diskutiert. Die Frage aber, was mit denjenigen passiert, die von diesen Veränderungen im Arbeitsmarkt betroffen sein werden, verwäscht sich in der Rhetorik von lebenslangem Lernen und Weiterbildung. Was das genau meint, bleibt meist unklar. Und ob man selbst davon betroffen sein wird, erst recht. Eine Adresse, an die sich Menschen mit ihren Fragen wenden können, fehlt, von einer aktiven Beratung ganz zu schweigen. Wir müssen die Institutionen des Arbeitsmarktes also neu und konsequent präventiv aufsetzen. Arbeit gibt es genug, auch wenn sich die Bedarfe nach Branchen und Tätigkeiten deutlich verschieben werden. Wir müssen sie jedoch richtig organisieren.

Die neuen Institutionen müssen also einerseits bescheidener werden: Sie müssen endlich den Anspruch aufgeben, das Leben der Einzelnen in Rubriken wie dem Familienstand oder dem Verlauf des Erwerbslebens zu standardisieren, das heißt, sie müssen ein Stück Kontrolle darüber abgeben, wie die Menschen ihr Zusammenleben ausgestalten. Sie müssen andererseits viel umfassender werden, indem sie allen die Mittel des Geldes, der Bildung, der Netzwerke an die Hand geben, die man braucht, um das eigene Leben zu gestalten und für andere da zu sein.

Dazu gehört auch eine Ergänzung der sozialstaatlichen Leistungen um ein Bürgereinkommen. Dieses soll Sozialleistungen ablösen, für die »Hartz IV« paradigmatisch steht. Das Prinzip, das damit eingeführt worden ist, liegt in der bedingten Förderung, das heißt, es wird nur gefördert, wenn zuvor eine Pflicht erfüllt worden ist. Wer die Leistungen beziehen will, wird so zum Bittsteller. Der Staat erscheint dabei nicht als jemand, der seinen Bürgerinnen und Bürgern vertraut und sie befähigt, sondern als jemand, der zuallererst Gehorsam einfordert.

In manchen Modellen, die derzeit unter dem Begriff des »bedingungslosen Grundeinkommens« diskutiert werden, sollen bestehende Transferleistungen abgeschafft und so der Einfluss des Staates verkleinert werden. Mit einer Politik des Vertrauens ließe sich das anders denken. Denn das Bürgereinkommen stünde nicht für einen bloßen Humanitarismus, der den Schwächsten der Gesellschaft allein das nackte Überleben sichert.[80] Der Verzicht auf eine Bedürftigkeitsprüfung kann vielmehr ein Grundvertrauen schaffen, indem niemand seine Existenz nur mehr oder weniger verdient hat. Sie wird vom Sozialstaat qua seines Vertrauens in die Bürgerinnen und Bürger garantiert. Die Bürgerschaft macht sie zu Gleichen.

Seit den 1980er-Jahren wurden verschiedene Modelle zunächst wissenschaftlich diskutiert. Hinzu kamen politische Vorstöße – von einem Bürgergeld, über das die CDU schon 2006 verhandelte, über das »solidarische Grundeinkommen« des Berliner Regierenden Bürgermeisters Michael Müller bis hin zur Idee einer Grund- oder Mindestsicherung. Die Bandbreite konkreter politischer Ausgestaltung ist dabei riesig. Hier braucht es mehr Mut, nun auch konkret zu prüfen, was der politische Stellenwert solcher Vorhaben sein soll: Berücksichtigen wir die positive Bedeutung, die Arbeit im Leben der Menschen spielt, kann es nicht um Ersatz oder Entzug von Arbeit gehen. Im Mittelpunkt sollte vielmehr ein Recht auf bedingungslose Lebenssicherheit stehen – in Kombination mit einem Recht auf gute Arbeit und einer Verringerung der Spannbreite zwischen höchsten und niedrigsten Einkommen. Anfangen kann man hier mit der Deckelung von Bonuszahlungen.

Was ein solches Bürgereinkommen weder ändern kann noch soll, ist die Überzeugung der meisten Menschen, dass sich Verteilungsgerechtigkeit in einer Entsprechung von Leistung und Einkommen ausdrückt. Damit ist die politische Aufgabe benannt, Ungleichheit bei den Primäreinkommen zu bekämpfen. Die Spreizung der Einkommen wird seit Jahrzehnten größer. Manche Vorstandschefs verdienen heute mehr als das Hundertfache von Angestellten. Auf der anderen Seite steht der Niedriglohnsektor, dessen Anteil in Deutschland seit 1995 stetig gestiegen ist und seit 2008 bei etwa einem Viertel stagniert – einer der höchsten Werte in der Europäischen Union. In absoluten Zahlen bedeutet das: Mehr als neun Millionen Menschen können nicht gut von ihrem Lohn leben, sind von Altersarmut bedroht. Betroffen sind davon insbesondere Frauen, Bildungsarme sowie Menschen in den neuen Bundesländern. Messbar abmildernde Wirkung hatte einzig die Einführung des Mindestlohns.[81] Neben seiner Erhöhung muss man auch über einen Höchstlohn nachdenken.

Die Politik des Vertrauens weist aber darauf hin, dass es hier nicht nur um Verteilung geht. Mit der hohen Einkommensspreizung, die längst nicht mehr durch unterschiedliche Leistung zu rechtfertigen ist, kommt auch Reziprozität abhanden. Ein angemessenes Verhältnis von Geben und Nehmen hat an Gültigkeit verloren. Besonders deutlich wird das an der wachsenden Bedeutung von Einkommen aus Vermögen, Aktien- oder Immobilienbesitz. Im Vergleich zu den Arbeitseinkommen sind diese in den vergangenen Jahren deutlich angestiegen, allein seit 2012 um mehr als 20 Prozent, was besonders häufig auf den starken Wertanstieg von Immobilien zurückgeht. Während die reichsten 10 Prozent der Bevölkerung in Deutschland heute die Hälfte des Gesamtvermögens besitzen, besitzen die unteren 50 Prozent gerade einmal 1,3 Prozent davon.[82] Das ist insbesondere deshalb alarmierend, als diese Art von Reichtum zu einem großen Teil vererbt, also nicht erarbeitet wird. Auch diese Vererbung ist keine gute Vertrauensbasis. Erbschafts- und Vermögenssteuern, wie sie zuletzt Thomas Piketty vorgeschlagen hat, können hier helfen.[83]

Sicherheit bei der Familiengründung

Hat man Kinder, so kümmert man sich um diese ganz selbstverständlich. Und ist fest davon überzeugt, dass dies all die anderen auch tun. Vertrauensfragen stellen sich nicht. Allerdings ist der Eindruck verbreitet, dass die anderen Menschen keinen Kinderwunsch haben. Ein Fehlschluss: 80 Prozent sagen, dass ihnen eigene Kinder wichtig sind. Die Frage ist also, welche Rahmenbedingungen wir schaffen können, damit sich die Menschen auch gegenseitig die Verwirklichung dieses Wunsches zutrauen.

Hier lohnt zunächst ein Blick zurück. Das Dilemma zwischen ganz selbstverständlichen Sorgeleistungen für Kinder und dem Eindruck, für Kinder eigentlich keinen Platz mehr im Leben zu haben, entstand durch einen Systemwechsel, der weit weniger thematisiert wurde als die Hartz-IV-Reformen – und noch immer kaum verhandelt wird. Galt früher die Vorstellung, dass ein Vollzeiteinkommen für den gesamten Haushalt reichen sollte und die zweite erwachsene Person daher unbezahlte Haushalts- und Sorgearbeiten übernehmen könne, so gilt heute die Norm der bezahlten Zuarbeit von Frauen. Damit erhöhte sich das von einem Haushalt erwartete Arbeitsvolumen von einem auf anderthalb Personenmonate, eine Steigerung um 50 Prozent. Mit der Änderung des Unterhaltsrechts und berechtigten Forderungen nach Chancengleichheit zwischen Männern und Frauen erodiert auch dieses Modell und führt unter der Hand zu einer neuen Norm der Vollzeiterwerbstätigkeit für alle Menschen im erwerbsfähigen Alter. Damit steigt das erwartete Arbeitsvolumen nochmals auf nun zwei Personenmonate in Vollzeit. Man kann es auch anders formulieren: Es besteht die Erwartung, dass sich Frauen einseitig an die männliche Erwerbsbiografie anpassen.

Wie wenig das klappt, zeigen die jährlich aufs Neue verkündeten Statistiken zu Unterschieden zwischen Männern und Frauen im Stundenlohn, im Jahres- und Lebenseinkommen, in der Rentenhöhe, in der Zeit, die für den Haushalt und die Pflege von Kindern und Eltern aufgewendet wird. Gender Pay Gap, Gender Pension Gap, Gender Care Gap sind dafür die eingeführten Begriffe.

Und es kann ja auch nicht klappen. Noch immer bestehen Gesetze, die in der Vergangenheit passend waren, heute aber völlig falsche Anreize setzen: das Ehegattensplitting, die Familienversicherung, das System abgeleiteter Renten. Noch immer gilt, dass traditionelle Frauentätigkeiten, wie zum Beispiel Sekretärin oder Verkäuferin, als Ergänzung des Lohnes der Männer gedacht werden und daher meist schlecht bezahlt sind und keine Aufstiegsmöglichkeiten bieten. Noch immer fehlt die notwendige Infrastruktur: Kindertagesstätten, Schulen mit Ganztagsangeboten und die bereits oben angemahnte Öffnung eines engen Lebensverlaufsmodells zu flexibleren Formen, die Vielfalt ermöglichen. Und noch immer besteht eine geschlechtsspezifische Arbeitsteilung, die Frauen den Hauptteil der Familien- und Pflegearbeit zuordnet.

Geschlechtsspezifische Kulturen sind veränderungsträge,

und so sehen wir auch noch heute, dass Frauen zwischen Skylla und Charybdis zu wählen haben: Entweder sie werden als karrierebesessene »Rabenmutter« abgestempelt – oder als »Vollzeitmama«, die sich vor der Erwerbsarbeit drückt.

Die Vereinbarkeit von Beruf und Familie bleibt damit von vielen Voraussetzungen abhängig. Man strampelt sich ab, koordiniert, organisiert – und kommt doch nicht voran. Das schlechte Gewissen gegenüber der Familie kommt immer wieder hoch. Wenn es keine Ruhe gibt, fragt man sich, ob es mit dem Job überhaupt so weitergehen kann.

Der Konflikt, der zeitpolitisch zwischen der Familie und der Erwerbsarbeit besteht, ist also auch institutionell anzuerkennen. Abzumildern wäre er zunächst durch eine verbesserte Infrastruktur von Kindergärten und Schulen, deren breite und qualitativ hochwertige Verfügbarkeit selbstverständlich sein muss. Ebenso durch eine faire Entlohnung vergleichbarer Arbeit von Männern und Frauen sowie durch entsprechende Aufstiegschancen. Und schließlich durch das partnerschaftliche Teilen der Fürsorgearbeit.

Doch all das entschärft nur die Folgen des Grundproblems. Mittelfristig wird man um eine Reduzierung der Arbeitszeit für alle nicht herumkommen. Solange wir unsere Sicherungssysteme auf die (männliche) Vollzeiterwerbsarbeit ausrichten, wonach einseitig Frauen in Teilzeit und Männer in Vollzeit arbeiten, solange werden wir die großen Ungleichheiten zwischen Männern und Frauen nicht beseitigen können. Um es konkret zu machen: Wir brauchen eine neue Normalarbeitszeit von 32 Stunden. Diese ist wirtschaftsfreundlich, denn sie entzieht dem Markt kein Arbeitsvolumen. Sie verteilt das bestehende Volumen nur um. Sie stärkt Beziehungen, da sie sowohl Selbstvertrauen zur Familiengründung geben kann als auch Zeit für den Kontakt zu anderen, den

Aufbau und die Pflege des großen Wir. Sie ist geschlechtergerecht und familienfreundlich für Männer und Frauen. Sie nutzt die Chancen der Digitalisierung. Sie gibt Zeit auch für die zweite Bildung und Ausbildung in der Mitte des Lebens.

Solidarität neu begründen

Die Wiederentdeckung der persönlichen Verbundenheit mit der Gesellschaft verweist auf einen weiteren Bereich, in dem die Vertrauensfrage gestellt wurde: die Solidarität. Wie wir gesehen haben, findet die Erwerbsgesellschaft trotz aller Diskussionen nach wie vor breite Unterstützung. Wer mehr »leistet«, soll auch mehr bekommen. Somit wird Ungleichheit allein nicht als ungerecht wahrgenommen.

Diese Wahrnehmung gilt aber nur im Rahmen sozialstaatlicher Schranken des Zusammenlebens. Eine Mehrheit möchte die ökonomische Ungleichheit beispielsweise so nicht auf das Gesundheitssystem übertragen sehen. Dass diejenigen, die mehr zahlen, auch eine bessere Behandlung bekommen sollen, wird mehrheitlich abgelehnt. Eine grundsätzliche Solidarität in diesem Bereich ist also da.

Doch wir sehen Risse. Eine Mehrheit ist überzeugt, dass sich die anderen weniger um ihre Gesundheit kümmern, als sie selbst es tun. Ein Teil der Befragten findet es richtig, wenn die Beiträge am Gesundheitszustand bemessen werden. Andere lehnen es ab, dass das Gesundheitssystem alle unabhängig vom Geldbeutel behandeln solle. Auch im Gesundheitssystem könnten sich also die Normen der Leistungsgesellschaft durchsetzen: Die Versorgung des Einzelnen wird so zwar von der Gesellschaft übernommen, aber nur, solange er mitwirkt. Fördern und fordern wären dann auch hier die Leitlinie.

Was dabei »gute« und »schlechte« Gründe sind, Lebenschancen nicht genutzt zu haben, ist eine Frage, die gesellschaftlich ausgehandelt werden muss. Schon heute stehen werdende Eltern unter Druck, wenn sie bereits während der Schwangerschaft um die Behinderung des Ungeborenen wissen und sich dennoch für das Kind entscheiden. Können sie auf Solidarität hoffen angesichts der hohen Mehrkosten, die die Erziehung mit sich bringen wird? Die Frage gilt auch für den eigenen Körper: Mit neuen genetischen Untersuchungen kann man sehr früh bestimmte Erkrankungsrisiken feststellen. Hat am Ende jeder Einzelne die Verantwortung gegenüber der Gesellschaft, seinen »schlechten Genen« durch Verhaltensanpassung entgegenzuarbeiten – wie immer diese auch aussehen mag?

Am Beispiel der Versicherungssysteme zeigt sich, wie die Digitalisierung dieses Problem weiter verschärfen wird. Für Geschäftsmodelle, die genau auf diese Individualisierung von Risiken eingehen, ist Misstrauen die Geschäftsgrundlage. Schon heute bieten Krankenversicherungen Anreizsysteme an, in denen man Rabatte bekommt, wenn man nachweisen kann, dass man Sport treibt oder Vorsorgeuntersuchungen vornehmen lässt. Erste Tarife belohnen auch, wenn man eine Fitnessuhr trägt und die Daten regelmäßig an die Krankenversicherung schickt.[84] So attraktiv das zunächst erscheinen mag, so weitreichend sind die langfristigen Folgen. Das Prinzip der Solidarität kippt, wenn es nicht mehr um die freiwillige Nutzung von Anreizen, sondern um Verpflichtungen und individuelle Bestrafung geht. Wenn man beweisen muss, dass man *trotz* aller Anstrengungen krank und hilfebedürftig geworden ist. Welche Gründe, nicht selbst schuld an der schlechten Gesundheit zu sein, wird man in Zukunft dann noch »anrechnen« lassen können?

Es sieht so aus, als ob das Gleichheitsprinzip der Leistungsgesellschaft, welches immer weniger auf Vertrauen und immer mehr auf individueller Verantwortlichkeit beruht, an seine Grenzen stößt. Ironischerweise könnte gerade die genaue Erfassbarkeit des individuellen Handelns dazu führen, dass wir noch stärker unsere gegenseitige Abhängigkeit erkennen. Besonders deutlich wird das in der Diskussion über Datenschutz, die stellvertretend für viele große gesellschaftliche Fragen steht, welche derzeit unter dem Stichwort der »Digitalisierung« verhandelt werden. Hier hat das Umdenken weg von der individuellen Verantwortung hin zum kollektiven Datenschutz längst stattgefunden. Dieser wird notwendig, weil in Zeiten von Big Data die individuelle Entscheidung, welche Daten man preisgibt, längst an Bedeutung verloren hat. Allein durch unsere Verbindungen zu anderen können Computer Vorhersagen über unser Verhalten treffen. Sie brauchen nur eine Reihe von Eckdaten über uns – den Rest füllen sie durch statistische Verfahren selbst aus.

Konkret bedeutet das, dass man in Geschäftsmodellen, die auf individueller Verteilung von Risiken beruhen, in »Mithaftung« genommen wird, wenn persönliche Eigenschaften in Zusammenhang mit bestimmten Wirkungen gebracht werden. Schon heute müssen Menschen bei manchen Banken etwa höhere Zinsen zahlen, wenn sie in einer Gegend wohnen, in der statistisch häufiger Kredite platzen.

Somit verliert die Frage, welche Daten man preisgibt und welche nicht, ihren individuellen Sinn. Sie wird politisch, weil nicht jeder für sich, sondern das Gemeinwesen insgesamt entscheiden muss, was mehr wert ist: die individuelle Zuteilung von Ressourcen auf Basis von Lebensentscheidungen, die man oft genug nicht einmal selbst in der Hand hatte, die allein durch Geburt so ungleich verteilt sind? Oder die Bereitstellung von Gütern für alle – auf Basis eines allgemeinen Vertrauens?

In diese Richtung der solidarischen Bereitstellung sozialstaatlicher Leistungen für alle weist im Falle des Gesundheitssystems die Bürgerversicherung, welche in Zukunft alle Bürgerinnen und Bürger unabhängig von Einkunftsarten in einem System vereinen könnte. Während private Zusatzversicherungen erhalten bleiben, würde dieses System zu einer Angleichung der Gesundheitsleistungen führen. Unter ein bestimmtes Versorgungslevel kann dann niemand mehr fallen. Analog zum Bürgereinkommen gilt auch hier: Ein bestimmtes Level der Versorgung ist jedem garantiert. Aus diesem Prinzip heraus bekommt jeder das, was er braucht – unabhängig von Alter, Lebenslauf und Beschäftigung.

Fortschritt einen Sinn geben

All das geht nicht ohne den Willen zur Veränderung. Doch sind wir überhaupt bereit, unser Zusammenleben grundlegend umzugestalten? Bei den Fragen, die wir zum gesellschaftlichen Fortschritt gestellt haben, zeigte sich ein einheitliches Bild: Die Befragten haben die Zeichen der Zeit erkannt und sind offen für das Neue. Ob es um das Verständnis für neue Technik geht, darum, gut informiert zu sein oder nachhaltige Konsumentscheidungen zu treffen. Die meisten versuchen, entsprechend zu handeln. Sie wissen, es gibt viel Luft nach oben, und gerne wären sie besser. Doch während sie selbst ihren Ansprüchen schon kaum genügen, scheint den anderen völlig egal zu sein, wie sie sich verhalten. Die anderen erscheinen zukunftsvergessen. Was sich darin abzeichnet, ist ein Gesellschaftsbild, das wir am Anfang dieses Kapitels beschrieben haben. Die Menschen scheitern an Strukturen, die es ihnen zwar gestern ermöglicht haben, ihre eigenen Werte auch umzusetzen und zu leben, dies heute aber verhindern. Ein Strukturkonservatismus, der im persönlichen Handeln jedes Einzelnen sichtbar wird.

Nehmen wir als eindrücklichstes Beispiel den umweltbewussten Konsum. Den meisten ist heute klar, wie grundlegend sich unser Konsumverhalten wandeln muss. Der klassische Verbraucherschutz ist aber vom Nutzen für den Einzelnen, nicht von den Folgen für die anderen her gedacht. Dass die Lebensmittel selbst sicher sind, man also keine Gefährdung für die eigene Gesundheit befürchten muss, dafür gibt es zahlreiche Kontrollen, denen wir trotz aller Skandale vertrauen. Geht es aber um die Folgen des Konsums für die Umwelt und das Klima, werden wir alleingelassen. Ob die Herstellung eines Produktes »klimaneutral« ist, sehen wir ihm im Supermarkt nicht an. Kaum jemand überblickt die Siegel, kaum jemand weiß, ob sie vertrauenswürdig sind. Neben den ebenso überfälligen »Lebensmittelampeln«, die angeben, wie gesund ein Produkt ist, könnten es auch Angaben zum Ressourcenverbrauch jedem Einzelnen einfacher machen, richtige Entscheidungen im Sinne des Gemeinwohls zu treffen.

Solche Maßnahmen, die die Rationalität des Einzelnen gegenüber den Folgen seines Konsums steigern können, sind aber nur die eine Seite. Sie müssen ergänzt werden durch eine ernsthaftere Debatte darüber, welche Entscheidungen man überhaupt treffen können sollte – und welche nicht. Dabei geht es nicht um moralisch begründete »Verbote«, sondern um die Spielregeln unseres Konsums. Diese müssen angepasst werden, wenn sie gesellschaftlichem Fortschritt, den die Mehrheit längst fordert, entgegenstehen. Wie im Fall der Digitalisierung muss aber auch beim Umbau unserer Konsumgesellschaft klar sein: Wer seinen Teil dazu leisten soll, kann nicht alleingelassen werden. Die Mehrheit der Bevölkerung als zukunftsvergessen zu charakterisieren und sie gegen die weltfremden Zukunftspläne einer politischen Elite auszuspielen, ist demgegenüber bloßer Zynismus.

Eine Politik des Vertrauens

Ob bei der Erwerbsarbeit, der Familie, dem Gesundheitssystem, dem Konsum: In vielen Bereichen ist unsere Fähigkeit, mit großen Veränderungen umzugehen und sie zu gestalten, davon abhängig, ob wir anderen vertrauen. Als Gesellschaftsprojekt müsste sich eine Politik des Vertrauens also darum drehen, dieses Vertrauen herzustellen, insbesondere das Vertrauen des Einzelnen, dass Veränderung im Großen zusammen mit allen anderen in dieser Gesellschaft zu machen ist. Nur mit diesem Vertrauen geht der Einzelne in Vorleistung. Und diese ist unabdingbar für große Veränderungen. Im Moment ist Fortschritt etwas, das gleichsam über uns hereinbricht, auf das wir uns irgendwie einstellen und das wir bewältigen müssen. Nur mit Vertrauen wird Fortschritt zu einem politischen Projekt, einem gesellschaftlichen Ziel, an dem man sich orientieren und für das man Politik entwickeln kann.

Das bedeutet nicht, dass Veränderungen immer kontrollierbar sind oder dass die Welt nach Belieben gestaltbar ist. Ebenso wenig bedeutet es, dass es beim Fortschritt immer nur Gewinner gibt. Ein solches Vertrauen vermag aber ein Gefühl von Kontrolle und Selbstwirksamkeit zu geben: Man weiß, dass man den Zufällen des Lebens nicht ausgeliefert ist. Dass sich Risiken lohnen können, weil man sicher ist, dass die anderen hinter und neben einem stehen.

Wir haben in den letzten Jahrzehnten einen unheimlichen Schub an individuellen Lebensmöglichkeiten erfahren. Man muss sich nicht mehr im selben Maße wie früher an gegebene Selbstverständlichkeiten anpassen, sei es im Erwerbsleben, in Partnerschaft und Sexualität oder in der Freizeit. Wir sind toleranter geworden. Gleichzeitig aber haben wir es nicht geschafft, diese Entwicklung aufzufangen und in Formen zu übertragen, in denen wir uns in unserer Unterschiedlichkeit als Gleiche begegnen. Deswegen erscheint die »Singularisierung«[85] der Gesellschaft oft genug nicht mehr als Freiheitsgewinn, sondern als Drohkulisse. Politische Ideen und Programme, die durch Gewalt eine Rückkehr zu gemeinsamer Identität, zu Homogenität versprechen, werden wieder hoffähig.

Doch das kann nicht der Weg sein. Um mit Diversität in unserer Gesellschaft langfristig umgehen zu können, brauchen wir Vertrauen. Nur Vertrauen macht die Freiheit allen gleichermaßen zugänglich. Freiheit ist dann nicht auf den Bereich des Privaten beschränkt, der dem Staat gegenübersteht. Sie prägt die Beziehungen unseres Alltags. Nur wenn diese Freiheit gegeben ist, kann man an ein Pflichtgefühl unter den Bürgerinnen und Bürgern appellieren.

ANHANG

Die Vermächtnisstudie

Wie es dazu kam

Dieses Buch basiert auf den Daten der Vermächtnisstudie. Vermächtnis, das klingt ungewöhnlich schwer. Was ist damit gemeint? Als wir die Studie zusammen mit der Wochenzeitung *DIE ZEIT* und dem infas Institut für angewandte Sozialwissenschaft 2014 konzipierten, war die Grundfrage: In welcher Welt wollen wir leben? Wenn man sich also die Entwicklung der Gesellschaft wie eine Reise in die Zukunft vorstellt, auf die man einen Rucksack mitnehmen kann: Was von dem, was das eigene Leben heute ausmacht, würde man einpacken? Und was nicht? Wir wollten den vielen Zukunftsprognosen, die es heute gibt, nicht einfach eine weitere hinzufügen. Gleichzeitig sollte es keine Utopie bleiben, sondern ganz konkret von heute aus gedacht sein: Was können wir tun, um die Ziele zu erreichen?

Dazu braucht es repräsentative, verlässliche Daten. Die Fragen, die infas dann im Jahr 2015 über 3000 Menschen vorlegte, umfassten verschiedene Bereiche ihres Lebens: ihre Familie, Arbeit, Gesundheit, ihren Umgang mit Technik, Konsum, ihren Lebensstil.

Gefragt wurde auf drei Ebenen. Beispielsweise lautete die erste Frage zum Wir-Gefühl: »Bitte sagen Sie uns nun *aus Ihrer persönlichen Lebenserfahrung* heraus: Wie wichtig ist es Ihnen persönlich, ein Wir-Gefühl zu haben?« Der Fokus lag auf der »persönlichen Lebenserfahrung«, die Befragten sollten also vor dem Hintergrund ihrer ganz eigenen Erfahrung antworten. Im zweiten Schritt wurde die Frage auf die Gesellschaft übertragen, auf die normative Ebene. »Wenn es nach Ihnen persönlich ginge: Wie wichtig *sollte* es nachfolgenden Generationen *in Zukunft* sein, ein Wir-Gefühl zu haben?« Hier interessierte uns, welche Konsequenzen die Befragten aus ihrer Erfahrung ziehen. Soll das, was ihnen heute wichtig ist, auch für die Menschen in Zukunft gelten? Wären die nachfolgenden Generationen gut beraten damit, so weiterzumachen wie heute, oder sollte es ganz anders sein? Im dritten Schritt fragten wir dann nach der Prognose. »Und *von Ihren Wünschen abgesehen*: Was glauben Sie, wie wichtig wird das für nachfolgende Generationen *tatsächlich* sein?« Hier zählte dann also der Blick auf die Gesellschaft.

Aus den Daten konnten wir verschiedenste Schlüsse ziehen. Zunächst beim Blick auf jede der drei Dimensionen für sich. Wie unterschiedlich ist das, was die Befragten über ihr Leben heute sagen? Haben sie gemeinsame Wünsche und Prognosen für die Zukunft? Viel interessanter war jedoch der Vergleich: Möchten sie, dass die Zukunft so wird, wie ihr Leben heute ist? Sind sie zuversichtlich, dass ihre Wünsche auch wirklich eintreten werden? Oder sind sie pessimistisch? Die Ergebnisse der Befragung von 2015 haben wir in der *ZEIT* und später in einem Buch veröffentlicht.[86]

Nachdem in der Zwischenzeit kleinere Nacherhebungen erfolgten, war es 2018 wieder so weit: Die zweite große Erhebungswelle sollte ins Feld gehen. Wir entfernten Fragen, die sich als nicht ergiebig erwiesen hatten. Fügten neue hinzu, die das Thema des Zusammenlebens stärker betonten – die Fragen, die schließlich zu diesem Buch führten. Vor allem aber mussten wir noch einen weiteren Frageschritt ergänzen. Zwar kannten wir die Gesellschaftsprognose der Befragten, nicht aber, wie sie die Gesellschaft heute sahen. Entsprach ihr heutiges Gesellschaftsbild dem zukünftigen? Konnte man es gar gleichsetzen? Zum Thema Wir-Gefühl fragten wir nun zusätzlich, inwiefern man der Aussage zustimme: »Den Menschen in Deutschland ist es wichtig, ein ›Wir-Gefühl‹ zu haben.« Aus dem Vergleich der Antworten auf diese Frage mit dem, was die Befragten über sich selbst sagen, konnten wir nun zweifelsfrei entscheiden, ob sie sich im Einklang mit der Mehrheit sehen oder nicht (siehe Abbildung auf S. 116). Daraus leiten wir die Vertrauensfragen ab.

Inzwischen arbeiten wir an einem internationalen Vergleich unserer Daten. Soziologinnen und Soziologen der Bahçeşehir-Universität in Istanbul haben unseren Fragebogen übersetzt und die Erhebung in der Türkei repliziert. Somit werden wir in Zukunft auch sagen können, ob unsere Ergebnisse nur für Deutschland gelten oder nicht.

Unser statistisches Modell

In unseren Auswertungen interessiert uns neben dem Blick auf die Gesellschaft insgesamt, wie sich die Antworten verschiedener sozialer Gruppen unterscheiden. Wo haben Männer und Frauen, Arme und Reiche unterschiedliche Ansichten? Dazu müssen wir diese Merkmale gleichzeitig berücksichtigen. Wenn wir nur zwei Merkmale vergleichen würden, zum Beispiel das Geschlecht und die Zustimmung zu einer Frage, könnten wir herausfinden, dass Frauen stärker zustimmen. Doch was wir nicht sagen können: Ist es wirklich das Geschlecht, das den Unterschied macht? Oder liegt es daran, dass Frauen weniger Geld verdienen, hinter dem

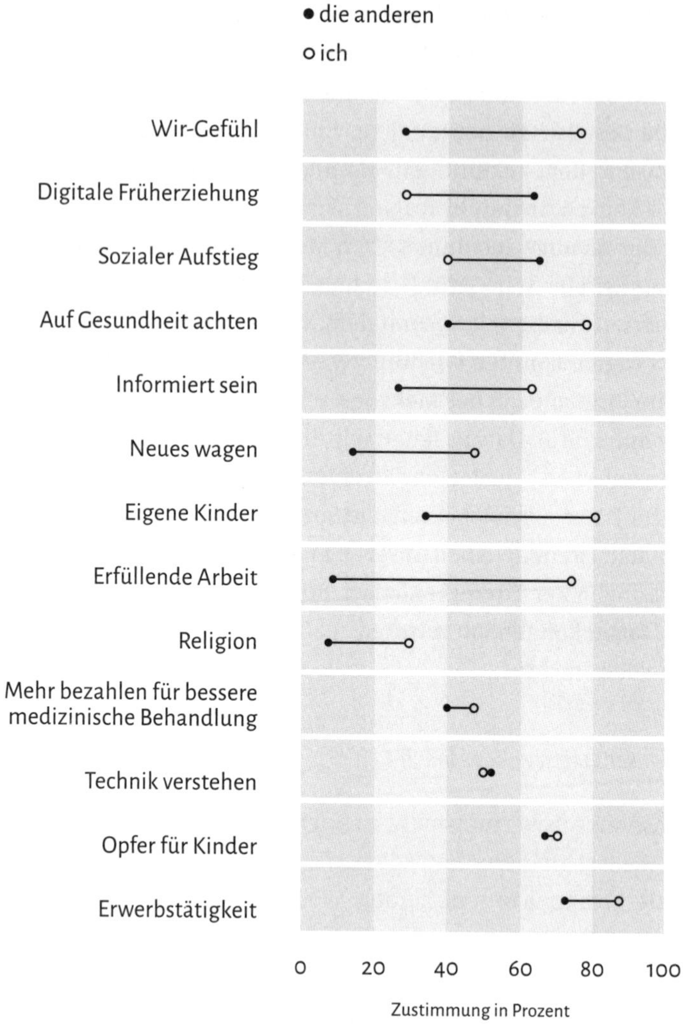

Abbildung: Selbstbeurteilung und Gesellschaftsbild

Unterschied also eigentlich ein unterschiedliches Einkommen steckt? Mit der sogenannten multivariaten Analyse können wir eine große Anzahl dieser Faktoren gleichzeitig berücksichtigen und in diesem Fall sicher sagen, was den entscheidenden Unterschied macht: das Geschlecht, das Einkommen oder eine Mischung aus beidem.

In diesem Buch benutzen wir ein Modell, das auf diese Weise folgende Merkmale unterscheidet und unsere Aussagen kontrolliert: das Alter, das Geschlecht, die Elternschaft, den Wohnort nach neuen und alten Bundesländern, die eigene Migrationserfahrung, den Bildungsgrad, den Umfang der Erwerbstätigkeit sowie das Einkommen. Um einen Überblick über die individuellen Voraussetzungen der Befragten zu bekommen, berücksichtigen wir in einem zusätzlichen Modell die Lebenszufriedenheit, die Selbstwirksamkeit, verschiedene Ängste, die Homogenität des Freundeskreises, die Gesprächshäufigkeit sowie die gesellschaftliche Partizipation der Befragten.

Ratsch, und einige vermeintlich fertige Sätze waren dahin. Der älteren Dame passten sie nicht. Ratsch, und andere Sätze waren verschwunden. Der junge Herr befand sie für unpassend. Dahinter stand kein Wettbewerb, keine Hierarchie. Es ging um das Miteinander einer Autorin, die in den Jahren des deutschen Wirtschaftswunders im Kurpfälzischen sozialisiert wurde, und eines Autors, der in Sachsen geboren wurde, als die Autorin in den Jahren der Wende ihre erste Professur erhielt. West und Ost, Frau und Mann, 35 Jahre Unterschied, *digital immigrant* und *digital native.* Beide unerfahren im gemeinsamen Verfassen eines Buches, bei dem Satz für Satz abzustimmen war. »Da kann ich mitgehen«, war unser beidseitig größtes Kompliment.

Doch nicht nur gegenseitig, auch von anderen verlangten wir jede Menge Vertrauen. Insbesondere von Dr. Ludger Ikas, der das Buch seitens des Verlags mit langem Atem betreut hat. Seine ruhige Art tat uns gut, seine wachen und klugen Kommentare haben dem Buch geholfen. Druck, Stress und Aufregung wären das Ende des Unterfangens gewesen. Wichtiger noch war jedoch: Immer hat er uns ebenbürtig behandelt. Die bekannte Seniorin so angesprochen wie den noch unbekannten Neuankömmling. Leider ist das keine Selbstverständlichkeit. Die deutsche Mandarinenuniversität zeigt sich allzu oft auch in den Medien und Verlagen. Kennengelernt haben wir Herrn Ikas und den Dudenverlag durch Dr. Rebekka Göpfert, deren Agentur so viele Türen öffnet. Dieses Mal war es eine für uns ganz neue. Ein Gedankenblitz, ein *perfect match*, und wieder eine großartige Unterstützung. Danke.

Unser großer Dank geht auch an Jana Schrewe, unsere Lektorin. Auch sie war gezwungen, anders als sonst zu arbeiten, mit mehr Hin und Her. Mehr Schleifen. Sie hat das in ihre vollen Arbeitstage gepackt, freundlich, mitdenkend und klug wie immer. Chapeau.

Fehlen darf auch nicht das große Ganze. Jutta Allmendinger dankt insbesondere Miriam Godefroid und Rut Ferner, beide schultern ihr Büro am Wissenschaftszentrum Berlin für Sozialforschung und haben mit wachem Kopf und breitem Rücken freie Schreibstunden erarbeitet, Ruhe bewahrt und Zuversicht gezeigt. Beide danken wir Dr. Harald Wilkoszewski, dem Leiter der Kommunikation des WZB. Die Vermächtnisstudie brummt und braucht ihn als virtuose Schaltstelle. Und beide danken wir natürlich den Kollegen im Vermächtnis-Team. Patrick Weber begann als Student, rechnete und recherchierte. Bald aber kommentierte er mit einem umfassenden Verständnis. Das Buch hat durch ihn viel gewonnen. Dank gilt auch Antonino Polizzi, der bei den unzähligen kleinen und großen Arbeiten, die hinter diesem Buch stehen, eine unerlässliche Hilfe war.

Das Buch beruht auf den Daten der Vermächtnisstudie, einem gemeinsamen Unterfangen von der *ZEIT*, dem infas Institut für angewandte Sozialforschung und dem WZB. Ohne die kongeniale Zusammenarbeit mit Andreas Lebert, Moritz Müller-Wirth, Rudi Novotny und Johanna Schoener von der *ZEIT* und mit Menno Smid und Doris Hess von infas wäre das Buch nicht möglich gewesen. Besonders danken wir außerdem Dr. Jacob Steinwede von infas, der große Teile des Manuskripts gelesen und gebildet kommentiert hat. Sieben Jahre Vermächtnisstudie sind eine lange Zeit. Die Zusammenarbeit eines großen Leitmediums, eines innovativen Erhebungsinstituts und eines quirligen Leibniz-Instituts ist eine Seltenheit. Manchmal rumpelte es, aber auch das tat gut. Vertrauensfragen stellten sich zu keiner Zeit. Danke.

LITERATUR

Allmendinger, Jutta (2012): *Schulaufgaben. Wie wir das Bildungssystem verändern müssen, um unseren Kindern gerecht zu werden*, München.

Allmendinger, Jutta (2017): *Das Land, in dem wir leben wollen. Wie die Deutschen sich ihre Zukunft vorstellen*, München.

Allmendinger, Jutta/Ellen von den Driesch (2015): »Bildung in Deutschland. Elf Mythen - elf Tatsachen«, in Reiner Hoffmann/Claudia Bogedan (Hrsg.): *Arbeit der Zukunft. Möglichkeiten nutzen, Grenzen setzen*, Frankfurt am Main, S. 37–51.

Allmendinger, Jutta/Jan Wetzel (2019): »Heimat. Einführung«, in Kathrin Baumstark/Franz Wilhelm Kaiser/Bernhard Maaz/Andreas Hoffmann (Hrsg.): *Here We Are Today. Das Bild der Welt in Foto- & Videokunst*, München, S. 58–63.

Alter, Charlotte (2019): »Inside Elizabeth Warren's Selfie Strategy«, *Time*, https://time.com/5683099/elizabeth-warren-selfies/ (zugegriffen: 22. Oktober 2019).

Arrow, Kenneth Joseph (1980): *Wo Organisation endet. Management an den Grenzen des Machbaren*, Wiesbaden.

Becker, Carsten et al. (2011): *Abschlussbericht des Forschungsprojektes »Zivildienst als Sozialisationsinstanz für junge Männer«*, hrsg. vom Bundesministerium für Familie, Senioren, Frauen und Jugend, Rostock.

Beierlein, Constanze/Christoph J. Kemper/Anastassiya Kovaleva/Beatrice Rammstedt (2014): »Interpersonales Vertrauen (KUSIV3)«, *Zusammenstellung sozialwissenschaftlicher Items und Skalen*. https://zis.gesis.org/skala/Beierlein-Kemper-Kovaleva-Rammstedt-Interpersonales-Vertrauen-(KUSIV3) (zugegriffen: 22. Oktober 2019).

Bourdieu, Pierre (1983): »Ökonomisches, kulturelles und soziales Kapital«, in ders.: *Soziale Ungleichheiten, Sonderband 2, Soziale Welt*, hrsg. von Reinhard Kreckel, Göttingen, S. 183–198.

Bruns, Axel (2019): *Are filter bubbles real?*, Medford.

Bude, Heinz (2008): »Das Phänomen der Exklusion«, in Heinz Bude/Andreas Willisch (Hrsg.): *Exklusion. Die Debatte über die »Überflüssigen«*, Frankfurt am Main, S. 246–261.

Bude, Heinz (2014): *Gesellschaft der Angst*, Hamburg.

Buhl, Johannes/José Acosta (2016): »Work less, do less? Working time reductions and rebound effects«, *Sustainability Science* 11, S. 261–276.

Bundesministerium des Innern, für Bau und Heimat (o. J.): »Islam in Deutschland«, https://www.bmi.bund.de/DE/themen/heimat-integration/staat-und-religion/islam-in-deutschland/islam-in-deutschland-node.html (zugegriffen: 22. Oktober 2019).

Bundesministerium für Familie, Senioren, Frauen und Jugend (2018): »Jahreskonferenz Freiwilliges Soziales Jahr. Freiwilligendienste für junge Menschen noch attraktiver machen«, https://www.bmfsfj.de/bmfsfj/freiwilligendienste-fuer-junge-menschen-noch-attraktiver-machen/131270 (zugegriffen: 4. Dezember 2019).

Bundeszentrale für politische Bildung (2018): »Ausländische Bevölkerung nach Bundesländern«, http://www.bpb.de/nachschlagen/zahlen-und-fakten/soziale-situation-in-deutschland/61625/auslaendische-bevoelkerung-nach-bundeslaendern (zugegriffen: 22. Oktober 2019).

Burrmann, Ulrike/Michael Mutz/Ursula Zender (2015): »Sportvereinsbezogene Sozialisation von Jugendlichen mit Migrationshintergrund – Zusammenfassung und Ausblick«, in Ulrike Burrmann/Michael Mutz/Ursula Zender (Hrsg.): *Jugend, Migration und Sport. Kulturelle Unterschiede und die Sozialisation zum Vereinssport*, Wiesbaden, S. 375–384.

Canzler, Weert/Andreas Knie/Lisa Ruhrort/Christian Scherf (2018): *Erloschene Liebe? Das Auto in der Verkehrswende. Soziologische Deutungen*, Bielefeld.

Coleman, James S. (1982): »Systems of trust. A rough theoretical framework«, *Angewandte Sozialforschung* 10, S. 277–299.

Delhey, Jan/Kenneth Newton/Christian Welzel (2011): »How General Is Trust in ›Most People‹? Solving the Radius of Trust Problem«, *American Sociological Review* 76, S. 786–807.

Deutsche Welle (2018): »Seehofer kündigt ›Masterplan‹ für schnellere Asylverfahren an«, *Deutsche Welle*, https://p.dw.com/p/2u6gs (zugegriffen: 22. Oktober 2019).

Endreß, Martin (2010): »Vertrauen. Soziologische Perspektiven«, in Matthias Maring (Hrsg.): *Vertrauen. Zwischen sozialem Kitt und der Senkung von Transaktionskosten*, Karlsruhe.

Endreß, Martin (2012): »Vertrauen und Misstrauen. Soziologische Überlegungen«, in Christian Schilcher/Mascha Will-Zocholl/Marc Ziegler (Hrsg.): *Vertrauen und Kooperation in der Arbeitswelt*, Wiesbaden, S. 81–102.

Engelhardt, Carina/Andreas Wagener (2018): »What do Germans think and know about income inequality? A survey experiment«, *Socio-Economic Review* 16, S. 743–767.

Esping-Andersen, Gøsta (1990): *The three worlds of welfare capitalism*, Princeton.

Evangelische Kirche in Deutschland (o. J.): »Christen in Deutschland«, https://www.ekd.de/statistik-kirchenmitglieder-17279.htm (zugegriffen: 22. Oktober 2019).

Fassin, Didier (2017): *Das Leben. Eine kritische Gebrauchsanweisung*, Berlin.

Fischer, Arthur/Heinz-Ulrich Kohr (2014): »Sozio-Politisches Verhalten«, *Zusammenstellung sozialwissenschaftlicher Items und Skalen*, https://zis.gesis.org/skala/Fischer-Kohr-Sozio-Politisches-Verhalten (zugegriffen: 22. Oktober 2019).

Foundational Economy/Stephan Gebauer (2019): *Die Ökonomie des Alltagslebens. Für eine neue Infrastrukturpolitik*, Berlin.

Fuhse, Jan (2010): »Netzwerke und soziale Ungleichheit«, in Christian Stegbauer (Hrsg.): *Netzwerkanalyse und Netzwerktheorie. Ein neues Paradigma in den Sozialwissenschaften*, Wiesbaden, S. 79–90.

Fukuyama, Francis (1995): *Trust. The social virtues and the creation of prosperity*, New York.

Gerber, Christine/Martin Krzywdzinski (2017): »Schöne neue Arbeitswelt? Durch Crowdworking werden Aufgaben global verteilt«, *WZB-Mitteilungen* 155, S. 6–9.

Gerbner, George/Larry Gross/Michael Morgan/Nancy Signorielli (1994): »Growing up with television. The cultivation perspective«, in Jennings Bryant/Dolf Zillmann (Hrsg.): *Media effects. Advances in theory and research*, Hillsdale, S. 17–41.

Grabka, Markus M./Christoph Halbmeier (2019): »Vermögensungleichheit in Deutschland bleibt trotz deutlich steigender Nettovermögen anhaltend hoch«, *DIW Wochenbericht* 40/2019, S. 736–745.

Grabka, Markus M./Carsten Schröder (2019): »Der Niedriglohnsektor in Deutschland ist größer als bislang angenommen«, *DIW Wochenbericht* 14/2019, S. 250–257.

Granovetter, Mark S. (1973): »The strength of weak ties«, *American Journal of Sociology* 78, S. 1360–1380.

Halbfas, Hubertus (2019): *Die Zukunft unserer Kirchengebäude. Problemlage und Lösungswege*, Ostfildern.

Hartmann, Martin (1994): *Die Praxis des Vertrauens*, Berlin.

Helbig, Marcel/Stefanie Jähnen (2019): *Wo findet »Integration« statt?* Discussion paper P 2019-003, Wissenschaftszentrum Berlin für Sozialforschung.

Herzog, Lisa (2019): *Die Rettung der Arbeit. Ein politischer Aufruf*, Berlin.

Honneth, Axel (1994): *Kampf um Anerkennung. Zur moralischen Grammatik sozialer Konflikte*, Frankfurt am Main.

Klinenberg, Eric (2018): *Palaces for the people. How social infrastructure can help fight inequality, polarization, and the decline of civic life*, New York.

Leibniz-Institut für Wirtschaftsforschung Halle (IWH), Hrsg. (2019): *Vereintes Land – drei Jahrzehnte nach dem Mauerfall*, Halle (Saale).

Leigh-Hunt, N. et al. (2017): »An overview of systematic reviews on the public health consequences of social isolation and loneliness«, *Public Health* 152, S. 157–171.

Luhmann, Niklas (1973): *Vertrauen. Ein Mechanismus der Reduktion sozialer Komplexität*, Stuttgart.

Newton, Casey (2019): »Facebook's pivot to privacy has huge implications – if it's real«, *The Verge*, https://www.theverge.com/interface/2019/3/6/18253922/facebook-privacy-meaning-implications-mark-zuckerberg-pivot-analysis-interface-casey-newton (zugegriffen: 18. November 2019).

Offe, Claus/Susanne Fuchs (2001): »Schwund des Sozialkapitals? Der Fall Deutschland«, in Robert D. Putnam (Hrsg.): *Gesellschaft und Gemeinsinn. Sozialkapital im internationalen Vergleich*, Gütersloh, S. 417–514.

Oldenburg, Ray (1989): *The great good place. Cafés, coffee shops, community centers, beauty parlors, general stores, bars, hangouts, and how they get you through the day*, New York.

Pander, Jürgen (2014): »Auto-Salon«, *Spiegel Online*, https://www.spiegel.de/spiegel/spiegelwissen/d-130025998.html (zugegriffen: 22. Oktober 2019).

Pfadenhauer, Michaela (2008): *Organisieren. Eine Fallstudie zum Erhandeln von Events*, Wiesbaden.

Piketty, Thomas (2020): *Kapital und Ideologie*, München.

Programm Projets urbains (2011): *Soziale Mischung und Quartierentwicklung. Anspruch versus Machbarkeit*, Bern.

Putnam, Robert D. (2000): *Bowling alone. The collapse and revival of American community*, New York.

Putnam, Robert D./Robert Leonardi/Raffaella Nanetti (1993): *Making democracy work. Civic traditions in modern Italy*, Princeton.

Reckwitz, Andreas (2017): *Die Gesellschaft der Singularitäten. Zum Strukturwandel der Moderne*, Berlin.

Rosanvallon, Pierre (2017): *Die Gesellschaft der Gleichen*, Berlin.

Rosanvallon, Pierre (2018): *Die gute Regierung*, Berlin.

Rotter, Julian B. (1966): »Generalized expectancies for internal versus external control of reinforcement«, *Psychological Monographs: General and Applied* 80, S. 1–28.

Salomo, Katja (2019): »The residential context as source of deprivation. Impacts on the local political culture. Evidence from the East German state Thuringia«, *Political Geography* 69, S. 103–117.

Sassen, Saskia (1991): *The Global City. New York, London, Tokyo*, Princeton.

Schor, Juliet B. (1993): *The overworked American. The unexpected decline of leisure*, New York.

Simmel, Georg (1908): *Soziologie. Untersuchungen über die Formen der Vergesellschaftung*, Leipzig.

Staatsregierung Sachsen (o. J.): »Das Sachsengespräch«, *Staatsregierung Sachsen*, https://www.staatsregierung.sachsen.de/das-sachsengespraech-4785.html (zugegriffen: 22. Oktober 2019).

Statista Research Department (2010a): »Häufigkeit von Gottesdienstbesuch bei Katholiken«, *Statista*, https://de.statista.com/statistik/daten/studie/158778/umfrage/haeufigkeit-von-gottesdienstbesuch-bei-katholiken/ (zugegriffen: 22. Oktober 2019).

Statista Research Department (2010b): »Häufigkeit von Gottesdienstbesuch bei Protestanten«, *Statista*, https://de.statista.com/statistik/daten/studie/158782/umfrage/haeufigkeit-von-gottesdienstbesuch-bei-protestanten/ (zugegriffen: 22. Oktober 2019).

Steinbach, Peter (2015): »Die Wehrpflicht. Eine historische Betrachtung«, *Bundeszentrale für politische Bildung*, http://www.bpb.de/politik/grundfragen/deutsche-verteidigungspolitik/203136/wehrpflicht (zugegriffen: 26. November 2019).

Stiftung Grundeinkommen (2019): »So denken Deutschlands Parteien über das Grundeinkommen«, *Stiftung Grundeinkommen*, https://www.stiftung-grundeinkommen.de/position-parteien-deutschland-grundeinkommen/ (zugegriffen: 3. Dezember 2019).

Svendsen, Gunnar Lind Haase/Gert Tinggaard Svendsen, Hrsg. (2016): *Trust, social capital and the Scandinavian welfare state. Explaining the flight of the bumblebee*, Cheltenham, Northampton.

Wetzel, Jan/Patrick Weber (2019): »Digitale Welt. Die Jüngeren sind kritischer als die Älteren«, *WZB-Mitteilungen* 165, S. 20–21.

Wickert, Ulrich (2019): *Identifiziert euch! Warum wir ein neues Heimatgefühl brauchen*, München.

Wikipedia (2019): »Mitgliederentwicklung der deutschen Parteien«. *Wikipedia*. https://de.wikipedia.org/w/index.php?title=Mitgliederentwicklung_der_deutschen_Parteien&oldid=193070658 (zugegriffen: 27. November 2019).

Wissenschaftliche Dienste des Deutschen Bundestages (2007): *Fragen zur Einführung eines allgemeinen gesellschaftlichen und sozialen Pflichtdienstes. Rechtliche Grenzen und internationale Beispiele*. Ausarbeitung WD 3 – 371/07.

Zuckerberg, Mark (2019): »A Privacy-Focused Vision for Social Networking«, *Facebook*, https://www.facebook.com/notes/mark-zuckerberg/a-privacy-focused-vision-for-social-networking/10156700570096634/ (zugegriffen: 18. November 2019).

ANMERKUNGEN

1 Der Werkzeugkasten: Wie wirkt Vertrauen?

1 Simmel (1908), S. 263 f.

2 Simmel (1908), S. 263.

3 Coleman (1982); siehe auch die Kritik bei Endreß (2012).

4 Simmel (1908), S. 263.

5 Luhmann (1973), S. 26 f.

6 Arrow (1980), S. 20.

7 Einschlägig dazu Fukuyama (1995).

8 Putnam et al. (1993).

9 Offe/Fuchs (2001), S. 429 f.

10 Svendsen/Svendsen (2016).

11 Granovetter (1973).

12 Putnam (2000), S. 411.

13 Bourdieu (1983), S. 191. Hervorhebungen im Original.

14 Siehe im Überblick dazu Fuhse (2010).

15 Die Formulierung »Menschen in Deutschland« bedeutet, dass nicht allein deutsche Staatsbürger gemeint sind, sondern die gesamte Bevölkerung in Deutschland einbezogen ist. Da in unserer Befragung die Grundgesamtheit ebendiese Bevölkerung in Deutschland darstellt, war dieser Bezug am naheliegendsten. Die Methode ist jedoch nicht auf nationale Gesellschaften beschränkt.

16 Endreß (2010), S. 96.

17 Hartmann (1994), S. 17.

2 Die Daten: Wer vertraut wem?

18 Siehe die Übersicht zur Studie auf den Seiten 113–117.

19 Rotter (1966).

20 Die Selbstwirksamkeit wurde durch acht Fragen erfasst. Sie gilt als überdurchschnittlich, wenn eine überdurchschnittliche internale und politische sowie unterdurchschnittliche externale Kontrollüberzeugung vorliegt. Es wurde unter anderem nach einer Einschätzung zu den Aussagen »Wie mein Leben verläuft, hängt von mir selbst ab« und »Erfolg muss man sich hart erarbeiten« gefragt.

21 Als bildungsarm werden nach unserer Definition diejenigen bezeichnet, die entweder keinen Schulabschluss besitzen oder einen Haupt- bzw. Realschulabschluss, aber keine Berufsausbildung.

22 Leigh-Hunt et al. (2017).

23 Die Ergebnisse stammen aus der infas-Repräsentativerhebung »In einem liberalen Land. Betrachtungen und Analysen vor der Bundestagswahl 2017« für *DIE ZEIT*. Es wurden 1501 Personen im Juni 2017 telefonisch befragt.

24 Die Zusammensetzung des Freundeskreises wurde durch neun Fragen mit jeweils sieben Antwortmöglichkeiten von »keine« bis »alle« erfasst. Wir fragten, wie viele enge Freunde oder deren Eltern nicht aus Deutschland stammen und wie viele enge Freunde studiert haben oder studieren. Zwei weitere Fragen zielten auf die Anzahl der engen Freunde, die

deutlich mehr bzw. deutlich weniger Geld besitzen als man selbst. Weitere Fragen beleuchteten, wie viele der engen Freunde eine abweichende politische Meinung, eine andere Religion, Muttersprache oder Hautfarbe aufweisen oder in einer ganz anderen Berufsbranche als man selbst tätig sind.

25 In großen Studien wie dem European Social Survey (ESS), dem Sozio-oekonomischen Panel (SOEP) oder der Allgemeinen Bevölkerungsumfrage der Sozialwissenschaften (ALLBUS) wird Heterogenität in Freundeskreisen nicht abgefragt. Studien wie das Social Capital Community Benchmark Survey (SCCBS) 2000 und 2006 sowie das Social Cohesion Survey Flanders (SCIF) 2009 erheben Heterogenität in Freundeskreisen sehr grob durch einfache Ja/Nein-Fragen. Die stark abweichende Operationalisierung sowie die zeitliche und räumliche Entfernung der Studien lassen keinen Vergleich mit unseren Daten zu.

26 Die soziodemografische Homogenität des Freundeskreises basiert auf dem Vermögen und der Bildung im Freundeskreis. Besitzen keine oder fast keine Freunde weder deutlich mehr noch deutlich weniger Geld als die befragte Person, definieren wir den Freundeskreis in diesem Aspekt als homogen. Nach Bildung definieren wir ihn als homogen, wenn keine, fast keine, fast alle oder alle Freunde studiert haben. Die soziodemografische Homogenität ist die Summe dieser beiden Variablen. Je häufiger angegeben wurde, dass keine oder fast keine Freunde sich in den Aspekten Muttersprache, Hautfarbe, politische Meinung, Religion und Berufsbranche von der befragten Person unterscheiden, desto kulturell homogener definieren wir den Freundeskreis. Zusätzlich berücksichtigen wir, wenn keine, fast keine, fast alle oder alle Freunde oder deren Eltern aus einem anderen Land als Deutschland stammen.

27 Zahlreiche andere Studien bestätigen, dass die Selbsteinschätzung der eigenen sozialen Position systematisch »verzerrt« ist. Personen mit relativ geringem Einkommen überschätzen, Personen mit relativ hohem Einkommen unterschätzen ihre eigene Position. Es gibt also eine Tendenz dazu, sich der Mittelschicht zuzurechnen. Siehe dazu Engelhardt und Wagener (2018).

28 Bundeszentrale für politische Bildung (2018): »Zur ausländischen Bevölkerung zählen alle Personen, die nicht Deutsche im Sinne des Artikels 116 Absatz 1 des Grundgesetzes sind, das heißt nicht die deutsche Staatsangehörigkeit besitzen. Dies können direkt zugezogene Personen mit einer ausländischen Staatsangehörigkeit sein oder auch deren in Deutschland geborene Nachkommen, sofern sie nicht die deutsche Staatsangehörigkeit erhalten haben. Zur ausländischen Bevölkerung gehören auch die Staatenlosen und die Personen mit ungeklärter Staatsangehörigkeit.«

29 Der folgende Text basiert in Teilen auf Allmendinger/Wetzel (2019).

30 Deutsche Welle (2018).

31 Wickert (2019).

32 Wir baten um Einschätzung von 15 Aussagen des Typs »Heimat ist für mich …« auf einer siebenstufigen Skala von »trifft überhaupt nicht zu« bis »trifft voll und ganz zu«. Als Verständnisse von Heimat wurden abgefragt: ein Gefühl, etwas von früher, ein Ort der Geborgenheit, der aktuelle Wohnort, der Wohnort der Familie/des Partners/der Partnerin, der Wohnort von Freunden und Bekannten, Deutschland, Europa, die Natur, das Internet sowie der Ort, an dem man ein Grundstück oder Haus besitzt. Weitere Punkte beziehen sich auf einen Ort, an dem die eigene Sprache gesprochen wird, an dem man eine Kultur oder eine Religion mit anderen Menschen teilt, sowie einen Ort, an dem andere Menschen genauso denken wie man selbst. Die dargestellten Zusammenhänge beruhen auf einer Faktorenanalyse.

33 Die Datenbasis bilden die Indikatoren »Anteil der Einwohner mit max. 1000 Meter Luftliniendistanz zur nächsten Apotheke« und »Anteil der Einwohner mit max. 1000 Meter Luftliniendistanz zum nächsten Supermarkt oder Discounter« des Nahversorgungsmodells des Bundesamts für Bauwesen und Raumordnung (BBSR Bonn 2019), des Wer-zu-Wem-Verlags und des Bundesapothekenregisters, Stand 2017. Die Berechnungen wurden auf Kreisebene durchgeführt.

34 Die Erhebung der verschiedenen Partizipationsformen basiert auf dem Instrument »Sozio-Politisches Verhalten«, siehe Fischer/Kohr (2014). Hiervon wurden für die Vermächtnisstudie gezielt zehn Aspekte herausgegriffen.

35 Vertrauen wurde gemessen als Durchschnitt der Ergebnisse zweier Fragen. Wir erbaten zu den Aussagen »Ich bin davon überzeugt, dass die meisten Menschen gute Absichten haben« und »Im Allgemeinen kann man den Menschen vertrauen« jeweils eine Einschätzung auf einer Skala von »trifft gar nicht zu« bis »trifft voll zu« (Beierlein et al. (2014)).

36 Delhey et al. (2011).

37 Ebd., S. 794.

38 Honneth (1994).

39 Geschrieben von Patrick Weber, wiss. Mitarbeiter am WZB.

40 Bude (2014).

41 Bei 16 Themen fragten wir die Studienteilnehmer, ob diese ihnen Angst machen, darunter Kriegsgefahr, Terroranschläge, Kriminalität und Gewalt, aber auch »Islamisierung« oder die Folgen von Zuwanderung. Weitere Themen waren Abstiegsängste, beispielsweise die Angst davor, arm, arbeitslos, krank oder allein zu sein, aber auch die Angst, von staatlicher Unterstützung abhängig zu sein oder die Kontrolle über das eigene Leben zu verlieren. Ein dritter Block deckte Finanz- und Wirtschaftskrisen, Klimakatastrophen, Internetüberwachung und Ausländerfeindlichkeit ab. Die dargestellten Komplexe basieren auf einer Faktorenanalyse.

42 Gerbner et al. (1994).

43 Siehe die Übersicht zur Studie auf den Seiten 113–117.

44 Wetzel/Weber (2019).

45 Esping-Andersen (1990).

46 Dennoch unterstützt man den progressiven Steuersatz nachdrücklich, wobei er von jenen, die am meisten von progressiven Steuern abhängen, am kritischsten gesehen wird. In Ostdeutschland finden 21 Prozent die Progression ungerecht, im Westen sind es 12 Prozent. Von den einkommensarmen Menschen finden 22 Prozent die Progression ungerecht, von den einkommensreichen 14 Prozent.

3 Die Aufgabe: Eine Politik des Vertrauens

47 Rosanvallon (2017), S. 9. Hervorhebungen durch uns.

48 Rosanvallon (2017), S. 11.

49 Siehe Allmendinger (2012); Allmendinger/von den Driesch (2015).

50 Helbig/Jähnen (2019).

51 Ebd.

52 Programm Projets urbains (2011).

53 Bude (2008).

54 Salomo (2019).

55 Sassen (1991).

56 Die konkrete Frage in der Vermächtnisstudie lautete: »Es gibt unterschiedliche Ansichten darüber, wie der Zusammenhalt verschiedener Menschen in der Gesellschaft verbessert werden kann. Sagen Sie mir zu den folgenden Aussagen auf einer Skala von 1 bis 7, wie sehr Sie zustimmen.« Die konkreten Aussagen lauteten: »Wenn es um das Wohnen geht, sollten Alt und Jung, Arm und Reich, Menschen mit verschiedenen Kulturen im selben Viertel leben können« und »Kinder sollten in Schulen gehen, an denen auch Kinder aus ganz anderen sozialen Schichten unterrichtet werden«.

57 Helbig/Jähnen (2019).

58 Oldenburg (1989).

59 Klinenberg (2018).

60 Halbfas (2019).

61 So der Verkehrspsychologe Bernhard Schlag in Pander (2014). Siehe dazu auch Canzler et al. (2018).

62 Rosanvallon (2018), S. 331.

63 Luhmann (1973), S. 39.

64 Hinzu kommen 3 Prozent, die orthodoxen Kirchen angehören, und etwa 5 Prozent, die dem Islam angehören. Siehe Evangelische Kirche in Deutschland (o. J.); Bundesministerium des Innern, für Bau und Heimat (o. J.).

65 Statista Research Department (2010a, 2010b).

66 In dieser Hinsicht unterschied sich die Bundesrepublik Deutschland von der DDR. Im SED-Staat gab es keine Wehrdienstverweigerung aus Gewissensgründen. Entschiedene Gegner des Waffendienstes wurden als »Bausoldaten« verpflichtet und hatten erhebliche Nachteile, etwa beim Studium, zu gewärtigen.

67 Steinbach (2015).

68 Bundesministerium für Familie, Senioren, Frauen und Jugend (2018).

69 Wissenschaftliche Dienste des Deutschen Bundestages (2007).

70 Der Überblick der Zahlen findet sich unter: Wikipedia (2019).

71 Burrmann et al. (2015).

72 Pfadenhauer (2008).

73 Staatsregierung Sachsen (o. J.).

74 Alter (2019).

75 Bruns (2019), S. 97.

76 Zuckerberg (2019); siehe einschätzend Newton (2019).

77 Rosanvallon (2017), S. 322 f.

78 Gerber/Krzywdzinski (2017), S. 43.

79 Im Überblick auch Herzog (2019).

80 Fassin (2017), S. 109 ff.

81 Grabka und Schröder (2019).

82 Grabka und Halbmeier (2019).

83 Piketty (2020).

84 Das Programm »Generali Vitality« etwa basiert auf einem Punktesystem, in dem das eigene Lebensverhalten genauestens abgerechnet wird. So gibt es beispielsweise 100 Punkte für »30 Minuten körperliche Aktivität mit 60 % der maximalen Herzfrequenz für Ihr Alter« oder 1500 Punkte für die jährliche Darmkrebsvorsorge, wenn man über 50 Jahre alt ist. Wer die eigenen »Gesundheitsziele« erreicht, wird beispielsweise mit Einkaufsgutscheinen oder Rabatten auf die Lebensversicherung belohnt.

85 Reckwitz (2017).

86 Allmendinger (2017).